法官说法丛书

全国"八五"普法推荐读物

房屋买卖纠纷典型案例解析

鲁桂华 / 主编

中国法制出版社
CHINA LEGAL PUBLISHING HOUSE

《法官说法丛书》（第二辑）
总编委会

主 编

凌 斌　北京大学法学院教授、博士生导师

编 委（按姓氏拼音排序）

安凤德　北京市高级人民法院党组副书记、副院长

靳学军　北京知识产权法院党组书记、院长

李艳红　北京金融法院党组成员、副院长

廖春迎　北京市第二中级人民法院副院长

娄宇红　北京市房山区人民法院党组书记、院长

邵明艳　北京市海淀区人民法院党组书记、院长

张 雯　北京互联网法院党组书记、院长

张仲侠　北京市高级人民法院审监庭庭长

执行主编（按姓氏拼音排序）

韩君贵　北京市高级人民法院审判监督庭四级高级法官

贾 薇　北京市房山区人民法院审判管理办公室（研究室）主任

孙铭溪　北京互联网法院综合审判三庭庭长，四级高级法官

张金海　常务执行主编，中国音乐学院副教授

张 敏　北京市海淀区人民法院政治部教育培训工作组组长

郑飞飞　北京市平谷区人民法院审判管理办公室（研究室）主任，四级高级法官

祝兴栋　北京市第二中级人民法院研究室副主任，二级高级法官助理

本书编委会

主　　　编：鲁桂华　北京市第二中级人民法院党组书记、院长
副　主　编：董建中　北京市第二中级人民法院党组成员、副院长
　　　　　　毕东丽　北京市第二中级人民法院党组成员、副院长
　　　　　　廖春迎　北京市第二中级人民法院副院长
　　　　　　周瑞生　北京市第二中级人民法院党组成员、副院长
执行主编：肖大明　北京市第二中级人民法院民一庭庭长
执行副主编：王金龙　北京市第二中级人民法院办公室主任、三级高级法官
　　　　　　王继玉　北京市第二中级人民法院民一庭法官助理

作 者

肖大明　北京市第二中级人民法院民一庭庭长、二级高级法官、北京市审判业务专家
王金龙　北京市第二中级人民法院办公室主任、三级高级法官
蒋春燕　北京市第二中级人民法院民一庭副庭长、三级高级法官
高宝钟　北京市第二中级人民法院民一庭三级高级法官
霍翠玲　北京市第二中级人民法院民一庭三级高级法官
陈　妍　北京市第二中级人民法院民一庭三级高级法官
刘丽杰　北京市第二中级人民法院民一庭三级高级法官
姚　颖　北京市第二中级人民法院民一庭三级高级法官
周梦峰　北京市第二中级人民法院民一庭三级高级法官
杨志东　北京市第二中级人民法院民一庭三级高级法官
陈雨菡　北京市第二中级人民法院民一庭四级高级法官
辛明厚　北京市第二中级人民法院民一庭一级法官助理
王继玉　北京市第二中级人民法院民一庭一级法官助理
高　磊　北京市第二中级人民法院民一庭一级法官助理
刘　佳　北京市第二中级人民法院民一庭二级法官助理
宋　佳　北京市第二中级人民法院民一庭三级法官助理
曹　华　北京市第二中级人民法院民一庭三级法官助理
王一洲　北京市第二中级人民法院民一庭四级法官助理
吴京竞　北京市第二中级人民法院民一庭四级法官助理

目录

第一章 商品房预售、销售合同签约环节

案例一 商品房认购与定金——签订认购书后未签订正式合同，定金能否退回？/ 003

 案情回顾 / 003

  （一）签订认购书后，合同没签成 / 003

  （二）案件审理过程 / 004

 法理分析 / 005

  （一）认购书的性质 / 005

  （二）认购书的约束力 / 007

  （三）定金的处理 / 008

 知识拓展 / 009

  （一）定金要以书面合同形式约定 / 010

  （二）定金合同属于实践合同 / 010

  （三）定金数额有限制 / 010

  （四）定金罚则与违约金的竞合适用 / 010

 普法提示 / 011

  （一）审慎签约，勿冲动消费 / 011

  （二）尽力留证，勿一问三不知 / 011

案例二 开发商预售的房屋都是商品房吗？——解析《商品房买卖合同司法解释》第一条 / 012

案情回顾 / 012

法理分析 / 013

（一）《商品房买卖合同司法解释》的适用范围 / 014

（二）商品房的概念、分类和特征 / 014

知识拓展 / 015

（一）商品房以外可预售的房屋 / 015

（二）法律与司法解释 / 017

普法提示 / 018

（一）擦亮慧眼，购买时看清房屋类型 / 018

（二）耳听八方，诉讼时注意法官释明 / 019

案例三 认真对待卖房广告——商品房销售广告被视为要约的条件 / 021

案情回顾 / 021

（一）案件事实 / 021

（二）诉辩意见 / 022

（三）争议焦点 / 022

法理分析 / 023

（一）视为要约的条件 / 023

（二）个案具体辨析 / 025

知识拓展 / 026

（一）商品房销售广告 / 026

（二）要约与要约邀请 / 028

（三）虚假广告的认定 / 030

普法提示 / 031

（一）审阅文本，排除权利限制条款 / 031

（二）协商补充，将关键事项明确 / 032

（三）留存资料，避免纠纷时有理无据 / 032

（四）专业介入，让诉求更站得住脚 / 032

案例四 房屋预售合同的效力问题——房屋预售合同五证不全时的合同效力如何？/ 033

案情回顾 / 033

法理分析 / 035

（一）本案房屋预售合同为什么被法院确认无效？/ 036

（二）关于合同无效的后果问题 / 037

（三）关于合同无效的损失赔偿问题 / 037

知识拓展 / 038

（一）商品房预售和现售的区别 / 038

（二）什么是商品房销售"五证齐全"？/ 039

普法提示 / 040

（一）查看开发商销售房屋的五证是否齐全 / 040

（二）查验商品房开发商是否具有房地产开发资质和房屋性质 / 041

（三）审慎签订商品房预售或买卖合同 / 041

案例五 团购预售商品房应当注意的问题——未成功购房，团购费怎么办？/ 042

案情回顾 / 042

（一）老张参加期房团购，买到问题房 / 042

（二）讨要无门，诉至法院 / 043

（三）法院依法维护当事人合法权益 / 043

法理分析 / 044

（一）本案中的被告主体问题 / 044

（二）老张所签商品房预售合同的效力问题 / 045

（三）居间费用应否退还 / 045

知识拓展 / 046

（一）合同成立的条件 / 046

（二）我国法律有关居间合同的规定 / 047

（三）购买期房应当注意什么？/ 047

（四）付款凭证问题 / 048

普法提示 / 048

（一）购房人购买期房时，应当首先审查该项目的商品房预售许可证 / 048

（二）很多团购看上去优惠，实际陷阱颇多 / 048

（三）上工治未病，不治已病 / 049

（四）提升法律素养，掌握应有的法律常识 / 050

第二章　商品房预售、销售合同履行环节

案例一　卖房人不同违约情形应承担相应责任 / 053

案情回顾 / 053

（一）案件事实 / 053

（二）诉辩经过 / 054

（三）审理结果 / 055

法理分析 / 056

（一）违约金与违约责任 / 056

（二）不可抗力与免责事由 / 057

（三）住宅楼产权证与房屋产权证 / 058

知识拓展 / 060

（一）预售商品房合同的效力 / 060

（二）建设工程规划和建设用地规划 / 061

（三）业主的成员权及公共设备设施 / 061

普法提示 / 061

案例二　商品房预售合同履行——逾期交房违约责任的认定 / 063

案情回顾 / 063

法理分析 / 065

（一）为什么首次交房失败的责任由卖方乾朝公司承担？/ 065

　　（二）为什么买方赵亮第二次拒绝收房的理由不成立？/ 066

　知识拓展 / 067

　　（一）交房是否等同于"交钥匙"？/ 067

　　（二）商品房交付的法律意义 / 067

　　（三）商品房交付的条件 / 068

　　（四）常见预售商品房交付问题及处理 / 069

　普法提示 / 070

　　（一）做足功课 / 070

　　（二）吃透合同 / 071

　　（三）擦亮眼睛 / 071

案例三　商品房预售合同履行——商品房质量问题的处理 / 072

　案情回顾 / 072

　法理分析 / 074

　　（一）涉案房屋质量问题的认定 / 074

　　（二）买受人行使解除权的依据 / 075

　　（三）房屋买卖关系解除的后果 / 075

　知识拓展 / 076

　　（一）常见的房屋质量问题 / 076

　　（二）出卖人的维修义务 / 077

　　（三）对商品房质量问题的处理 / 079

　普法提示 / 079

　　（一）把好签约关 / 079

　　（二）注意保存证据 / 079

　　（三）用好住宅质量保证书 / 080

案例四　关注合同中的"其他"——《商品房预售合同》履行中的其他设施交付问题 / 081

案情回顾 / 081

（一）乔迁之喜引起的诉讼 / 081

（二）审理过程 / 082

法理分析 / 084

（一）合同纠纷类案件，守约方主张违约责任的法律依据 / 084

（二）合同约定不明的法律适用问题 / 084

（三）违约金调整的适用 / 086

知识拓展 / 087

普法提示 / 090

（一）商品房开发企业在房屋销售过程中应增强主体责任意识 / 090

（二）购房人应增强契约意识 / 091

（三）出现纠纷要理智处理，留存证据，合理制定维权目标 / 092

案例五 过户前商品房被开发商的债权人申请法院查封了怎么办？——解析买房人提起案外人执行异议之诉 / 094

案情回顾 / 094

（一）半路杀出程咬金——煮熟的鸭子也会飞走？ / 094

（二）峰回路转能否见柳暗花明？ / 095

法理分析 / 097

（一）《内部认购书》能否算作商品房买卖合同？ / 098

（二）刘大爷名下已有房屋，是否不符合"买受人名下无其他用于居住的房屋"的要求？ / 099

知识拓展 / 101

（一）过户前，购房人对房屋享有什么权益？ / 101

（二）强制执行时对购房人的权利破格优先保护的情形 / 102

（三）什么是案外人执行异议之诉？ / 104

普法提示 / 104

（一）规范签约 / 104

（二）积极谨慎履约 / 105

　　（三）诚信诉讼 / 105

案例六　开发商逾期办理房产证怎么办？——逾期办证违约金的适用与调整 / 106

　　案情回顾 / 106

　　法理分析 / 107

　　知识拓展 / 108

　　（一）违约金的同时主张 / 108

　　（二）违约金的分段主张 / 108

　　（三）王芳的违约金主张为何未得到支持？ / 109

　　普法提示 / 110

　　（一）重点关注合同重要条款 / 110

　　（二）注意证据的保存 / 110

第三章　二手房买卖合同签约环节

案例一　购买二手房要注意签约流程和细节——避免因恶意串通损害第三人利益而导致合同无效 / 115

　　案情回顾 / 115

　　法理分析 / 118

　　（一）合同无效的相关规定 / 118

　　（二）共有人擅自出售房屋不导致房屋买卖合同无效 / 119

　　知识拓展 / 119

　　（一）当事人主张恶意串通要考虑证据的证明标准 / 119

　　（二）恶意串通存在双方共同作为的情形，也存在相互配合的行为 / 120

　　普法提示 / 120

　　（一）房屋手续是否齐全 / 120

　　（二）要了解房屋是否存在共有权人 / 121

（三）购房人应当对所选房屋进行勘验 / 121

案例二　"阴阳合同"的效力——规避国家税收政策的合同效力认定 / 122

案情回顾 / 122

法理分析 / 124

（一）"阴阳合同"的效力问题 / 124

（二）"阳合同"价格条款效力问题 / 125

（三）房屋真实的交易价格如何认定？ / 125

（四）税费如何负担？ / 126

知识拓展 / 126

（一）"阴阳合同"产生的原因 / 126

（二）"阴阳合同"的危害 / 127

（三）"阴阳合同"的形式 / 127

（四）"阴阳合同"的签订 / 127

（五）"阴阳合同"的效力 / 128

（六）"阴阳合同"的履行 / 128

（七）杜绝"阴阳合同"的举措 / 128

普法提示 / 129

（一）诚信签订买卖合同 / 129

（二）"阴阳合同"签不得 / 129

（三）认真阅读、理解合同 / 129

（四）积极保存签约证据 / 130

（五）积极理性沟通 / 130

案例三　解除房屋抵押责任归属——房屋买卖合同签约时注意事项 / 131

案情回顾 / 131

法理分析 / 133

（一）诉争房屋的解押义务应由谁负担？ / 134

（二）买方何小丽是否具有导致合同无法履行的违约行为？ / 134

（三）中介公司责任问题 / 135

　知识拓展 / 135

　　（一）签订合同前注意事项 / 135

　　（二）签约过程中注意事项 / 136

　　（三）签约后注意事项 / 138

　普法提示 / 138

　　（一）确认是否属于学区房 / 138

　　（二）了解落户时间 / 139

　　（三）户口迁入迁出 / 139

　　（四）违约条款约定 / 139

案例四　共有人擅自卖房，买房人怎么办？——房屋共有人意愿对合同履行的影响及责任分担 / 140

　案情回顾 / 140

　法理分析 / 141

　　（一）涉案房屋买卖合同的效力 / 141

　　（二）涉案房屋买卖合同是否还存在继续履行的可能？ / 142

　　（三）致使涉案房屋买卖合同无法继续履行的违约方的认定及违约责任的承担 / 145

　知识拓展 / 146

　　（一）共有房屋买卖中无权代理与无权处分的识别 / 146

　　（二）共有房屋买卖中无权代理和无权处分的法律效果 / 147

　普法提示 / 150

案例五　"新盘"与"新房"——房屋交易过程中房产经纪公司必要的说明、告知义务 / 152

　案情回顾 / 152

　法理分析 / 155

　　（一）买方王小明是否存在违约行为，其已付定金是否可以退还？ / 155

（二）第一楼房产经纪公司是否尽到了必要的说明告知义务？/ 156

知识拓展 / 157

普法提示 / 158

第四章 二手房买卖合同履行环节

案例一 房屋出卖人死亡后的合同履行问题——夫或妻一方出售拆迁安置房屋后死亡的合同履行问题 / 163

案情回顾 / 163

法理分析 / 165

（一）物权归属 / 165

（二）合同履行 / 167

知识拓展 / 168

（一）合同合法有效 / 168

（二）合同标的具备履行条件 / 168

（三）合法维权 / 169

普法提示 / 170

案例二 房屋买卖合同的履行——实际交付的房屋与约定不一致责任由谁承担？/ 172

案情回顾 / 172

（一）纠纷始末 / 172

（二）法院判决 / 173

法理分析 / 174

知识拓展 / 177

普法提示 / 178

（一）遵守契约精神 / 178

（二）妥善签订房屋买卖合同 / 178

　　　　（三）注重证据的保留 / 179
　　　　（四）慎重拒收房屋和行使合同解除权 / 179

案例三　二手房买卖过程中，遇到"凶宅"怎么办？——解析司法实务对"凶宅"的认定及处理 / 180
　　案情回顾 / 180
　　　　（一）老伴不堪病痛折磨在楼道自缢身亡 / 180
　　　　（二）老伴去世后，老杜将房屋售予王女士 / 180
　　　　（三）王女士装修过程中听闻房屋竟是"凶宅" / 181
　　　　（四）王女士一怒之下诉请法院撤销二手房买卖合同 / 181
　　　　（五）老杜构成欺诈，合同应予撤销并由老杜赔偿损失 / 182
　　法理分析 / 183
　　　　（一）允许反悔——遇到"凶宅"的维权途径 / 183
　　　　（二）存在限制——维权的时间很重要 / 184
　　知识拓展 / 186
　　　　（一）何谓"凶宅"？ / 186
　　　　（二）中介格式合同中"凶宅"的"猫腻" / 187
　　　　（三）"凶宅"买卖合同就一定会被撤销吗？ / 188
　　　　（四）出售房屋时，卖方应该披露哪些信息？ / 188
　　普法提示 / 189
　　　　（一）买方：防患未然，该出手时就出手 / 189
　　　　（二）卖方：诚实信用，以免竹篮打水一场空 / 190

案例四　卖旧买新——房屋连环买卖中的风险防范 / 191
　　案情回顾 / 191
　　　　（一）通过卖旧买新方式进行的房屋置换容易引发争议 / 191
　　　　（二）法院审理结果 / 193
　　法理分析 / 195
　　　　（一）合同相对性原则 / 195

（二）"连环买卖"法律关系的认定 / 195

（三）解除权的享有 / 196

（四）违约金的承担 / 197

知识拓展 / 197

（一）前一手房屋买卖合同被认定为无效怎么办？/ 197

（二）前一手买卖合同被认定为无效，后一手买受人权利如何保障？/ 198

（三）房屋连环买卖，均未办理产权登记怎么办？/ 198

普法提示 / 199

（一）要高度重视房屋买卖合同的内容 / 199

（二）要确保房屋买卖合同尽可能包括协商一致的全部内容 / 199

（三）要正确认识附条件的房屋买卖合同 / 199

案例五　合同的无责解除——政府调控政策导致房屋买卖合同无法继续履行时如何处理？/ 201

案情回顾 / 201

（一）买方因新政导致首付款增加150万元，无力支付，要求解除合同并退款 / 201

（二）案件审理过程 / 202

法理分析 / 203

（一）政府房地产调控政策是否确实影响了涉案房屋买卖合同的履行？/ 203

（二）政府房地产调控政策对合同履行造成的障碍程度是否严重？/ 204

（三）合同对于履行障碍是否有特殊约定？/ 205

（四）合同解除后的结果如何处理？/ 206

知识拓展 / 206

普法提示 / 207

（一）准确解读相关政策 / 207

（二）完善合同审慎签约 / 208

（三）诚信履约及时止损 / 208

第一章
商品房预售、销售合同签约环节

案例一 | **商品房认购与定金**
——签订认购书后未签订正式合同，定金能否退回？

刘佳[①]

近几年的楼盘销售现场可谓一片火爆，提前几个月便要排卡、排号，到了现场更是红旗招展、人山人海。很多购房者匆忙看了沙盘，逛了样板间，在非常短的时间内便签订了房屋认购书并交纳了定金。按理说，买房可是大事，不能"冲动消费"，但如果回家之后不想买了，或者签正式合同时和开发商没谈拢，又或者后来发现交易细节或房屋情况和当初售楼人员介绍的不一样了，那房子能不能不买？定金能不能退？这是很多人关心的问题。这个问题其实并没有一个统一的答案，需要具体情况具体分析。下面通过一个案例，来介绍这类纠纷的处理思路。

案情回顾

（一）签订认购书后，合同没签成

2018年10月15日，老陈[②]经朋友介绍到北京市一处新开发的楼盘"风景花园"看房，看房后对小区的环境、房屋的户型都很满意，于是决定在该小区购买一处住房。当日，老陈（乙方）与开发商风景公司（甲方）签订了一份《认购书》，约定：一、乙方拟购买甲方开发的"风景花园"1号楼1601号房，房价为每平方米34390元，总价为6215300元……三、1. 乙方在签订本认购书的同时，交付甲方50000元定金，定金不计利息，并于签订《商品房买卖合同》时冲抵购房首付款。2. 乙方应于本认购书签订之日起7日内，到甲方售楼处与甲方签订《商品房买卖合同》。3. 若乙方未在上述约定的时

[①] 北京市第二中级人民法院民事审判第一庭法官助理。

[②] 本书案例提及人物及机构均为化名。

间内到甲方售楼处与甲方签订《商品房买卖合同》、补充协议以及其他附件和相关文件，视为乙方自动放弃所认购房屋，已交定金归甲方所有，甲方有权单方面解除本认购书，自行处置该房屋且无须另行通知乙方；但甲方如在前述期限内将上述房屋另售他人，应双倍返还乙方已交付的定金，同时本认购书自动失效，双方权利义务即时终结……6.乙方已充分了解所认购商品房的基本情况，有关购房协议条款以双方签订的《商品房买卖合同》为准。7.涉及国家和地方限购政策，乙方保证在签订本认购书时乙方符合限购政策允许的买受人资格……五、本认购书一式二份，甲方执一份，乙方执一份，本认购书自双方签订《商品房买卖合同》后失效。同日，老陈从风景公司处领取由风景公司工作人员代为签名的一份"风景花园诚意金申领单"。次日，老陈向风景公司交纳定金50000元，风景公司工作人员向老陈开具一份定金收据，同时在《认购书》上注明1601号房价格在签订《商品房买卖合同》前待定。在这之后，老陈多次催促风景公司要求签订《商品房买卖合同》，均因付款方式是一次性付清房款还是分期付清房款存在争议等原因，导致双方至今未签订《商品房买卖合同》。

老陈于2019年11月15日向一审法院起诉，请求：1.判令被告开发商风景公司双倍返还老陈购房定金100000元；2.判令被告开发商风景公司赔偿老陈延误一年时间购房的损失180000元；3.本案诉讼费用由被告开发商风景公司承担。

（二）案件审理过程

一审法院经审理认为，本案所涉及的《认购书》和诚意金申领单均是《商品房买卖合同》当事人在签署正式合同前所订立的文书，是对双方买卖房屋有关事项的初步确认，其性质是《商品房买卖合同》的预约合同，对双方当事人均具有约束力。依照预约合同与本约合同的关系，预约具有先于本约且以订立本约为合同目的的法律性质。本案双方当事人在签订《认购书》和诚意金申领单，且原告已交付定金之后，均负有进一步协商签订《商品房买卖合同》的义务。另根据合同意思自治原则，合同的内容需要双方协商一致，即应由当事人自愿决定，法律不能强制当事人签订合同。原告签署的《认购书》上约定《商品房买卖合同》的签订时间为《认购书》签订后7日内，但双方未对签订合同的具体时间及付款方式进行约定，原告不能接受被告要求其一次性付款的方式，并由此发生争议，根据《最高人民法院关于审理商品房买卖合同纠纷案件适用法律若干问题的解释》第四条之规定，应认定为不可归责于当事人双方的事由，出卖人风景公司应将定金返还给买受人，对原告要求被告赔偿其迟延购房损失和双倍返还定金的诉讼请求，法院不予支持。据此，依照《合同法》第九十四条、第九十七条（现已失效，相关规定见《民法典》第五百六十三条、第五百六十六条），《最高人民法院关于审理商品房买卖合同纠纷案件适用法律若干问题的解释》第四条之规定，判决：一、解除原告与被告风景房地产公司于2018年10月15日签订的《认购书》；二、被告风景房地产公司于本判决生效后10日内返还原告定金50000元；三、驳回原告的其他诉讼请求。

老陈不服一审判决提起上诉，老陈上诉称，本案双方当事人未能订立《商品房买卖合同》是可以归责的，是被上诉人风景公司的过错造成的，被上诉人应当承担违约责任。原审判决认定事实不清，适用法律错误，请求撤销原判，判令被上诉人双倍返还上诉人定金100000元，赔偿上诉人延误一年时间购房的损失180000元，本案一审、二审诉讼费用由被上诉人承担。

被上诉人风景公司辩称，原审判决认定事实清楚，适用法律正确，请求驳回上诉，维持原判。

二审判决：驳回上诉，维持原判。

本案的争议焦点是，1.签订《认购书》后，因未协商一致没有签订《商品房买卖合同》，《认购书》是否可以解除？ 2.是否适用定金罚则？

法理分析

（一）认购书的性质

分析本案中的《认购书》如何处理，首先应当界定该《认购书》的性质。现实生活中，开发商经常会让购房者签订购房意向书、承诺书、认购书等文件,并且交纳一定数额的定金、意向金、申购款等,这些文件虽然名称不同,但其本质作用大体一致,就是将购房者的购房意向初步固定下来。而且很多时候,房屋属于期房,甚至开发商尚未取得商品房预售许可证,这时候先签认购书,把房屋预订出去,有助于开发商回笼资金和申请贷款。

  认购书的性质从两个层面分析。① 首先,无论所签订的文件名称叫什么,只要双方是在平等、自愿基础上签订的,系双方真实意思的表示,且没有违反法律、行政法规强制性规定的情形,那么就成立了一个对双方都有约束力的合同,双方当事人均应当依照合同约定履行各自的义务,如果任何一方当事人不履行预约合同约定的订立合同义务,应当承担违反预约合同的违约责任。其次,合同又分为预约和本约。预约通常是指签订于本约之前的、为保障本约的顺利签署而订立的合同,通常包含当事人约定在将来一定期限内订立合同的意思表示。预约合同的签订并非商品房买卖关系的真实建立,双方仍存在于前合同阶段,直到本约签订才算正式建立了商品房买卖法律关系。

  如何判断认购书是不是预约合同呢?《最高人民法院关于审理商品房买卖合同纠纷案件适用法律若干问题的解释》第五条规定,商品房的认购、订购、预订等协议具备《商品房销售管理办法》第十六条② 规定的商品房买卖

---

① 《民法典》第四百九十五条增加了对于预约合同的规定:当事人约定在将来一定期限内订立合同的认购书、订购书、预订书等,构成预约合同。当事人一方不履行预约合同约定的订立合同义务的,对方可以请求其承担预约合同的违约责任。

① 《商品房销售管理办法》第十六条规定:商品房销售时,房地产开发企业和买受人应当订立书面商品房买卖合同。商品房买卖合同应当明确以下主要内容:(1)当事人名称或者姓名和住所;(2)商品房基本状况;(3)商品房的销售方式;(4)商品房价款的确定方式及总价款、付款方式、付款时间;(5)交付使用条件及日期;(6)装饰、设备标准承诺;(7)供水、供电、供热、燃气、通讯、道路、绿化等配套基础设施和公共设施的交付承诺和有关权益、责任;(8)公共配套建筑的产权归属;(9)面积差异的处理方式;(10)办理产权登记的有关事宜;(11)解决争议的方法;(12)违约责任;(13)双方约定的其他事项。2000年9月13日,建设部、国家工商行政管理局印发《商品房买卖合同示范文本》(GF-2000-0171),为商品房买卖合同提供了示范文本。2014年4月9日,住房和城乡建设部、国家工商行政管理总局(现已撤销)印发《商品房买卖合同示范文本》,对《商品房买卖合同示范文本》(GF-2000-0171)进行了修订,制定了《商品房买卖合同(预售)示范文本》(GF-2014-0171)、《商品房买卖合同(现售)示范文本》(GF-2014-0172)。

合同的主要内容，并且出卖人已经按照约定收受购房款的，该协议应当认定为商品房买卖合同。从该条文看，认购书认定为本约需要同时满足两个条件：一是具备商品房买卖合同的主要内容，二是开发商已经收取了购房款。司法实践中一般认为：商品房认购书内容包含双方当事人的姓名或名称、商品房的基本情况（包括房号、建筑面积）、总价或单价、付款时间、付款方式、交付条件及日期，就可以认定该认购书已经基本具备了商品房买卖合同本约的条件。①

反观本案，老陈签订的《认购书》仅约定了当事人的名称、房屋坐落及房号、单价、面积和总价，对于付款方式和期限、交房时间和标准、违约责任等重要条款均没有约定。而且该《认购书》中也明确约定了双方将进一步签订《商品房买卖合同》，购房协议的条款以《商品房买卖合同》为准。这也符合《民法典》第四百九十五条关于预约合同的定义。因此，结合本案《认购书》的内容及双方真实意思表示，该《认购书》应为预约性质。

（二）认购书的约束力

那么，认购书作为预约合同是否具有约束力？一旦签订了认购书，这房子是不是就必须买了？这也要具体问题具体分析。

首先，认购书作为一份合同，其效力是独立的、有效的。这就意味着无论之后是否签订正式的商品房买卖合同，认购书中已经落实到白纸黑字上的内容，是必须要遵守的。《民法典》第四百九十五条第二款规定，当事人一方不履行预约合同约定的订立合同义务的，对方可以请求其承担预约合同的违约责任。可见，当事人如果违反了认购书的约定，要承担相应的违约责任。例如：如果开发商在购房者签了认购书之后，本来应该在商品房预售许可证办理下来之后通知购房者前来签订正式合同，但后来房屋涨价了，开发商为了牟利没有通知原来的认购者，而是将房子另行出售给第三人，在这种情况

---

① 参见《最高人民法院公报》（2012 年第 11 期）："张励与徐州市同力创展房地产有限公司商品房预售合同纠纷案。"

下,开发商就违反了认购书的约定,不仅要承担定金罚则,还有可能承担违约赔偿责任。又如,购房者签了认购书之后,回家和家人商量了,认为选择的户型不好,在签订正式合同时要求更换房号,否则拒绝签订正式合同,这种情况是对认购书中已经协商一致的内容的变更,如果开发商不同意变更,那么购房人拒绝签约就构成了违约,同样也要承担违约责任。总而言之,认购书中已经约定好的内容是不容任何一方随意更改的,否则都是对认购书的违反。

其次,认购书的具体约束力内容是:双方仅负有就合同具体内容继续磋商,并在将来的一定期限内订立正式商品房买卖合同,将预约推进到本约的义务,并无必须缔约的义务,认购书不能强制实际履行。至于能否达成协议,应该视双方之后具体的协商结果而定。而正式商品房买卖合同的签订必须完全建立在双方平等、自愿、协商一致的基础上,为当事人合意的结果。① 这是因为缔约是一种行为,任何人,包括法院都没有强制缔约的权力。《合同法》第一百一十条(现已失效,相关规定见《民法典》第五百八十条第一款)规定:"当事人一方不履行非金钱债务或者履行非金钱债务不符合约定的,对方可以要求履行,但有下列情形之一的除外:(一)法律上或者事实上不能履行;(二)债务的标的不适于强制履行或者履行费用过高;(三)债权人在合理期限内未要求履行。"将预约转化为正式本约的这一行为,就是该条规定的不适于强制履行的债务标的。

(三)定金的处理

《最高人民法院关于审理商品房买卖合同纠纷案件适用法律若干问题的解释》第四条规定,出卖人通过认购、订购、预订等方式向买受人收受定金作为订立商品房买卖合同担保的,如果因当事人一方原因未能订立商品房买卖合同,应当按照法律关于定金的规定处理;因不可归责于当事人双方的事

---

① 参见(2015)厦民终字第4031号"许丽玉诉厦门金城湾房地产开发有限公司等商品房预约合同纠纷案"。

由，导致商品房买卖合同未能订立的，出卖人应当将定金返还买受人。

1. 因协商不成，未签订正式合同的

因对认购书中未约定的、影响合同履行的重要内容无法协商一致的，属于不可归责于当事人双方的事由，导致未签订正式合同的，开发商应当将定金返还。

2. 购房人违反认购书约定的

购房人违反认购书约定，不愿意继续购买，或者对已经约定的价格、房号、房型等内容单方面要求变更，导致未签订正式合同的，应当认定购房人违约，其交纳的定金不予退还。

3. 出卖人违反认购书约定的

出卖人违反认购书约定，另行出售房屋，房屋不符合国家或约定标准、未办理相应手续，单方面要求更改认购书确定的条款等，导致未签订正式合同的，出卖人应当双倍返还定金，甚至应当依法承担赔偿责任。

本案中，双方本来对于是否为一次性付款没有约定，后因此无法订立合同，法院遂判决风景公司将50000元定金返还老陈。

知识拓展

签订认购书、意向书时，开发商往往会让购房者交纳一定数额的定金、订金、意向金、申请金等，可别小看"定金"和"订金"这一字之差，在法律上，它们的意义完全不同。

《民法典》第五百八十七条规定，债务人履行债务的，定金应当抵作价款或者收回。给付定金的一方不履行债务或者履行债务不符合约定，致使不能实现合同目的的，无权请求返还定金；收受定金的一方不履行债务或者履行债务不符合约定，致使不能实现合同目的的，应当双倍返还定金。这就是法律上所谓的"定金罚则"。关于定金罚则的具体适用，法律规定了以下几个具体要求。

（一）定金要以书面合同形式约定

书面中只有写成"定金"二字，才可以适用定金罚则。如果写成"订金"，或者其他意向金、申购金等表述，都属于预付款，只存在是否返还的问题，而不适用双倍返还的定金罚则。

（二）定金合同属于实践合同

《民法典》第五百八十六条第一款规定，定金合同自实际交付定金时成立。也就是说，如果双方仅签订了定金合同而未实际交付定金，那么定金合同实际上并没有成立，在发生违约情形时当事人不得主张适用定金罚则。实际交付的定金数额多于或者少于约定数额的，视为变更约定的定金数额，主张适用定金罚则时，以实际交付数额为准，而不是约定数额。

（三）定金数额有限制

《民法典》第五百八十六条第二款规定，定金的数额由当事人约定；但是，不得超过主合同标的额的20%，超过部分不产生定金的效力。

（四）定金罚则与违约金的竞合适用

"竞合"是一个法律术语，简单理解，就是出现了同时符合两个法律规则适用条件的情况。在一方出现违约时，如果既交付了定金，同时合同中还约定了违约金，那么理论上讲定金罚则和违约金的适用条件均已满足。此时，根据《民法典》第五百八十八条规定，当事人可以从定金罚则和违约金中选择一种进行主张，但不能同时主张。如果当事人选择主张适用定金罚则，定金不足以弥补一方违约造成的损失的，对方可以请求赔偿超过定金数额的损失。所以，各位购房人，签订认购书之前可要看清楚了，交钱后也要记得索要发票或收据，并在收据上注明"定金"。

普法提示

（一）审慎签约，勿冲动消费

买房是老百姓生活中的大事儿，一定要慎重，在买房前最好与家人多沟通协商，争取一致意见之后再购买。切不可因售楼现场人多抢购，就一时冲动消费，签订了认购书。认购书虽然不是正式的合同，但根据上文的分析可以看出，认购书也是一份可以约束双方当事人的有效合同，务必本着诚信原则认真履行，如果反悔就可能损失定金，甚至要赔偿别人的损失。

签订任何书面文件之前，一定要细细查看，谨防"挖坑"。购房时签订的文件大多是开发商提供的统一文本，不要想当然地认为都是统一的就没问题，在签署任何书面文件前都要仔细阅读文本，特别是对于加粗、加黑的内容更要留意，谨防开发商在格式文本中"挖坑"。对于看不懂的地方，一定要请工作人员解释，不放心的，可以要求明确约定在合同里。

（二）尽力留证，勿一问三不知

除了要求留存书面文件一式两份的副本之外，对于开发商公示的户型图、小区环境、宣传资料、营业执照、土地使用权证书、商品房预售许可证等资料都要尽力留存复印件或拍照留证。不要轻信工作人员的口头宣传和承诺，一切以落实到纸面为准。在交纳定金、认购款、首付款等款项时，应注意是否在合同中明确约定，且要索要发票，并仔细核对发票上的抬头与合同是否一致，妥善保管好发票。

一旦出现纠纷，应本着协商为先的思路，进行协商解决。在协商过程中如果开发商做出让步和承诺，要尽快落实到书面，或者采用录音录像的方式留存证据，以作为日后一旦进入诉讼时的证据。协商不成的，应及时向专业法律人士求助，以尽早解决问题，避免损失扩大。

案例二 | **开发商预售的房屋都是商品房吗？**
——解析《商品房买卖合同司法解释》[①]第一条

王金龙[②]

案情回顾

业主与开发商签订商品房预售合同购买的经济适用房，是否属于法律意义上的商品房？遇到法律争议时，能不能按照最高人民法院《商品房买卖合同司法解释》解决？这可能是很多业主买房时容易忽视的问题。但是，在合同履行中出现争议或诉讼时，就需要考虑如何选择维护权利的路径。如果双方理解不一致导致目标不对、方向选错了，浪费时间还损失诉讼费，"赔了夫人又折兵"。这不，老王就遇到这样一档子烦心事。

2014年，老王与开发商签订《北京市商品房预售合同（经济适用住房）》，购买了一套经济适用房，90平方米，40万元，房子按期入住。但最近一年多，老王总听不同邻居念叨："开发商答应在2017年6月办完'大证'[③]的，都两年多了一直没办下来，咱们房子'小证'[④]也办不了，他应该赔偿。"这也正是老王的想法。为此，老王和几个邻居一起多次去物业询问，每次答复都是开发商现在确实办不了大证，具体时间也定不了，责任在政府，不会赔偿。老王很生气，办不了证还有理了？我这房子想卖卖不了，万一房价跌了怎么办？不赔钱没道理啊。老王又听人说，有业主委托律师说有个法律可以要违约金。于是，老王就跟着其他业主一起提起了诉讼。

---

① 《最高人民法院关于审理商品房买卖合同纠纷案件适用法律若干问题的解释》（以下简称《商品房买卖合同司法解释》）。
② 北京市第二中级人民法院办公室主任、法官。
③ 开发商在工程竣工验收后从房产管理部门办理的房屋所有权证。
④ 购房户购买的单套房屋的房屋所有权证。

第一章
商品房预售、销售合同签约环节

老王起诉称：开发商逾期办大证，虽合同中未约定违约责任，但根据原《商品房买卖合同司法解释》第十八条①规定，请求：1. 开发商支付违约金，标准是按已付购房款总额，参照人民银行规定的金融机构计收逾期贷款利息；2. 开发商承担诉讼费。

开发商到庭答辩：不同意业主的全部诉讼请求，不能按照《商品房买卖合同司法解释》规定的标准支付违约金。一是合同没有约定逾期办小证的违约责任；二是司法解释规定承担违约责任的前提是开发商有责任，但大证不能办理的原因在于政府，其没有过错。

开庭后，法官找老王和邻居谈话："你们虽签订了商品房预售合同，但写明的是经济适用房。《商品房买卖合同司法解释》第一条规定，只有可上市交易的商品房才能适用解释，而商品房有特殊定义，经济适用房虽然可上市交易，但不是该司法解释规定的商品房，所以大家的诉讼请求不能得到支持。"

面对老王等人一脸的疑惑和不解，法官又说："大家签订预售合同，到售楼处签合同、办贷款，都改变不了经济适用房与商品房的本质不同，尤其是政策依据、价格、交易限制。但如果逾期办理大证确实给你们造成了损失，可起诉赔偿。只是建议等损失数额确定、收集齐证据再起诉，本案件可先撤诉，避免损失诉讼费和时间。"在法官的一番解释下，老王明白了自己法律依据找得不对，于是办理了撤诉手续。其他业主坚持继续诉讼的，最终全部被法院驳回。

⚖ 法理分析

本案的争议焦点为经济适用房是否属于法律意义上的商品房。这需要根

---

① 《商品房买卖合同司法解释》于2020年修正，原第十八条现为第十四条，规定："由于出卖人的原因，买受人在下列期限届满未能取得不动产权属证书的，除当事人有特殊约定外，出卖人应当承担违约责任：（一）商品房买卖合同约定的办理不动产登记的期限；（二）商品房买卖合同的标的物为尚未建成房屋的，自房屋交付使用之日起90日；（三）商品房买卖合同的标的物为已竣工房屋的，自合同订立之日起90日。合同没有约定违约金或者损失数额难以确定的，可以按照已付购房款总额，参照中国人民银行规定的金融机构计收逾期贷款利息的标准计算。"

据《商品房买卖合同司法解释》的规定逐层分析。

（一）《商品房买卖合同司法解释》的适用范围

《商品房买卖合同司法解释》第一条规定："本解释所称的商品房买卖合同，是指房地产开发企业（以下统称为出卖人）将尚未建成或者已竣工的房屋向社会销售并转移房屋所有权于买受人，买受人支付价款的合同。"

可见，该司法解释只适用于买卖商品房的合同。换句话说，是在合同法基础上，对商品房买卖合同产生争议的法律规则做了深入解释。而现实生活中的房屋多种多样，哪些能适用该司法解释？这就需要进一步分析什么是商品房。

（二）商品房的概念、分类和特征

1. 概念

目前，在《城市房地产管理法》《城市房地产开发经营管理条例》《城市商品房预售管理办法》《商品房销售管理办法》等规范性文件中，都使用了"商品房"的表述，但都没给出具体定义。而社会大众认为，商品房就是能买卖的房屋，站在市场交易角度，这样理解没问题，但只看到了商品、没看到房。可见，目前广泛使用的"商品房"，并非严格意义上的法律用语，很容易造成概念混乱，并导致争议解决时基础不一致。那么，商品房的准确定义又是什么呢？

从法律角度而言，商品房，是指具有经营资格的房地产开发企业，通过出让方式取得国有土地使用权后开发建造，进行市场化销售或出租等经营的住宅、商业用房等建筑物。基于此，房地产开发企业开发房地产项目，需申请通过审批后，方能获得市场经营主体资格。开发建设房屋的目的是向社会大众出售并获取利润。商品房作为一种商品，除受限购、限贷等政策调控外，可在市场上自由交易，产权人享有最为完整的所有权。

2. 分类

商品房最基本的分类是期房和现房，标准是根据房屋是否建设完成、通过规划验收。期房是指房屋尚在建设过程中、未完成规划验收的房屋。现房是已竣工并经规划验收合格的房屋。由此，目前商品房买卖合同分为商品房预售合同、商品房现房销售合同。此外，根据用途划分，商品房还有普通商品住宅、公寓、别墅、商铺等种类。各种类之下还有细致划分，政策限制也不同，购买房屋时需要特别注意。

3. 特征

（1）出卖人须有开发资格。房地产开发企业必须具备相应法定条件，获得房地产开发资格。

（2）土地来源须为出让。国有土地使用权系以出让方式取得，交纳土地出让金。

（3）上市交易一般不受限制。除部分地区部分时间内的限价措施外，可以自由上市销售，一般以预售为主，也有部分现房销售，通称为"一手房"。

（4）销售对象一般不受限。除受各省市或地方政府限购、限贷等市场调控政策规制外，社会大众可自由购房、不受限制。

知识拓展

（一）商品房以外可预售的房屋

除商品房外，很多房屋可按预售程序上市预售，现根据北京市保障性房屋管理政策予以列举。

1. 经济适用房

经济适用房，又称经济适用住房，是指政府提供政策优惠，限定套型面积和销售价格，按照合理标准建设，面向城市低收入住房困难家庭供应的政策保障性住房。经济适用房的特殊之处在于：一是供应对象为符合政策条件的中低收入家庭；二是土地使用权取得方式为划拨；三是产权性质为经济适用房；四是交易政策限制较多，如新房老房、限制交易期、土地收益比例、优先回购权等。

简单介绍下经济适用房的新房老房。以 2008 年 4 月 11 日为分界点，北京市的经济适用房分为"老房"和"新房"，二者最大的区别是适用不同政策，即"老房老办法、新房新办法"，具体有"政府是否放弃优先回购权""土地收益比例不同"两大区别。"老房"上市交易时，按出售价格的 10% 补交土地收益，政府放弃优先回购权利；"新房"上市交易时，征得管理部门同意，按原购房价格和出售价格差价的 70% 补交土地收益，同等价格下政府有优先回购权。无论"新房""老房"，一手购房人在补交土地收益后可将经济适用房改为商品房性质。

2. 按经济适用房管理的房屋

按经济适用房管理的房屋，又称二类经济适用住房或参经房屋，是单位给予职工的优惠住房、租赁住房或拆迁安置住房，参照经济适用房价格出售给职工、承租人或被拆迁人。土地使用权取得方式为划拨，权属证书上的房屋性质为"按经济适用住房管理"。它不是经济适用房，也非商品房，主要来源于安居房、康居房、回迁房、适用绿化隔离政策房屋等。上市交易没有时间限制，只需按出售价格的 3% 补交土地收益，相对于经济适用房而言补交比例较低。上市交易后，产权性质为商品房。

3. 定向安置住房

定向安置住房，是指因城市规划、土地开发等原因，定向安置给被定向人或承租人居住使用的房屋。最典型的是"三定三限三结合房屋"，"三定"是定性、定向、定量，"三限"是限户型、限价、限销售。土地使用权取得方式为出让。房屋权属证明上房屋性质为"定向安置住房"。交易限制有：取得权属证明或契税完税证明之日起 5 年内不得上市交易，确需转让的，由政府指定机构按原销售价格回购；5 年后可上市交易、不补交土地收益。

4. 两限房

两限房，全称为限房价、限套型普通商品住房，是指在限制套型比例、限定销售价格基础上，以竞地价、竞房价方式，招标确定住宅项目开发建设单位并按约定标准建设，按约定价位向符合条件居民销售的中低价位、中小套型普通商品住房。土地使用权取得方式为出让。交易限制有：取得权属证书后 5 年内不得转让，确需转让的由住房保障管理部门回购；5 年后转让的，应按同时同地段普通商品住房差价的 35% 交纳土地收益。

5. 自住型商品房

自住型商品房，全称为自住型改善型商品住房，是指房地产企业通过限房价、竞地价等出让方式公开竞得土地并开发建设后，以特定优惠价格面向特定对象销售的商品房。土地使用权取得方式为出让。自住型商品房销售均价原则上比同地段同品质商品房降低 30% 左右。交易限制有：取得权属证书后 5 年内不得转让，5 年后转让的，应按同时同地段商品房与原购房价格差价的 30% 交纳土地收益。

6. 共有产权房

共有产权房，就是地方政府让渡部分土地出让收益，低价配售给符合条件的保障对象的房屋，保障对象与地方政府签订合同，约定双方产权份额、上市交易条件、价款分配份额。土地使用权取得方式为出让。双方按出资比例共同拥有房屋产权，个人承担居住使用期间的公共维修基金、物业费用、供暖费及水电燃气费，可向政府购买产权份额。房屋购买 5 年后，可按市场价格转让所购房屋产权份额，代持机构在同等条件下有优先购买权；代持机构放弃优先购买权的，其他符合共有产权住房购买条件的家庭可以购买。

（二）法律与司法解释

这里补充讲解一些专业知识，法律和司法解释有什么不同。

法律是由立法机关行使国家立法权，依照法定程序制定、修改并颁布，并由国家强制力保证实施的基本法律和普通法律的总称。法律可划分为宪法、法律、行政法规、地方性法规、自治条例和单行条例。此处要注意，法律是有广义、狭义之分的。广义的法律包括全部法律性文件，狭义的法律仅指文件中的一类。

司法解释，是指在适用法律过程中，国家最高司法机关对法律的具体应用问题所作的解释，包括审判解释和检察解释。审判解释，是指最高人民法院对审判工作中具体应用法律问题所作的解释，对各级人民法院审判案件具有约束力。如《最高人民法院关于审理买卖合同纠纷案件适用法律问题的解释》，就是对合同法中买卖合同的解释。检察解释，是指最高人民检察院对检察工作中具体应用法律问题所作的解释，对各级人民检察院具有普遍约束力。

那么，已经有那么多法律了，为什么还要司法解释？首先，法律规则是对社会现象归纳总结后的抽象规定，但社会现象极其复杂，法律难免存在漏洞。其次，法律毕竟是用语言表达而成，语义、逻辑难免会有漏洞。再次，法律制定后不能随意修改、废止，不断变化、发生的新情况，也需要及时规制。最后，法律有滞后性，只能分析解决已发生的矛盾，并根据现有经验做一定预测，不可能预见未来所有新的情况。总而言之，司法解释就是用来弥补法律的"漏洞"，确保适用法律正确和案件裁判公正的。必须指出，司法解释只是对某一部法律、某部法律的某些条文作出的解释，而且不能超出法律的规定。

普法提示

（一）擦亮慧眼，购买时看清房屋类型

在任何时期，房屋都是个人或家庭较为重大的财产。"房子是用来住的，不是用来炒的。"但由于我国房地产市场本身尚未完全成熟，市场环境和交易规则也经常发生变化，政府根据经济变化频繁进行政策干预，导致房屋在交易流转环节极易出现法律纠纷。分析北京市第二中级人民法院近些年的商品房预售合同纠纷类案，可以发现一个必须予以重视的问题：不是所有预售的房屋都是商品房。

第一，购买预售房屋时须关注房屋类型，不能只看价格。

前面提到了多种政策保障性住房，交易价格、上市期限、税费成本等都受到政策限制，但都可以通过预售方式出售，在广告宣传、现场售房、签订合同、银行贷款等方面甚至都按商品房流程处理，包括签订的合同，都是工商行政管理部门和房屋行政管理部门推荐的合同模板。因此在看房、签约时，一定要注意询问房屋最终产权性质到底是不是商品房、土地使用权年限多少，不能只看价格是否合适。

第二，不同类型房屋对家庭有不同影响，要仔细分析政策规定。

受中国人买房置地传统习惯影响，房屋作为家庭重大财产，与居住、共有、出租、赠与、买卖、析产、继承、婚姻等百姓生活中常见的财产处理方式都息息相关。如果房屋受到政策限制，在小区环境、物业管理、位置格局、上市年限、交易对象、价格确定、税费缴纳等方面都会不同。比如，共有产权房屋遇到继承问题时，要求继承人也具备共有产权房屋购房人资格，否则不能直接继承房屋，只能继承房屋个人共有部分对外出售或政府回购后的价款。又如，夫妻购买共有产权房屋后离婚的，要面临房屋归属、各自资格、折价处理等多种问题。

（二）耳听八方，诉讼时注意法官释明

首先，要理解法官的释明。为节省诉讼资源、降低诉讼成本，根据诉讼请求、案件事实、法律依据，法官在审理中对案件会有一个总体判断。如果诉讼请求存在方向性错误，法官一般会释明。对于释明，其实法官也有一定心理压力。如果释明错误，当事人改变请求或策略，虽然最终决定权在当事人，但至少会造成当事人对法官专业上的轻视。但是，不能因此放弃释明。释明是法官的权力，也是义务，更是法官根据专业知识和审判经验做出的指引。当然，法官释明不能胡来，要有扎实的法律基础、丰富的实践经验，准确认定诉讼请求、证据和事实，准确把握类案处理思路。

其次，要学会听取各方意见。在法官释明时，当事人要学会甄别、咨询后再作出判断。无论做出何种选择，责任都要自行负担，不能因为法官释明，万一有错误就回来找法官"算账"。如果认为法官是正确的，可接受其释明建议，或在本案中变更诉讼请求，或撤回起诉另行通过其他途径解决。可详细向法官咨询再行起诉可能面临的风险、依据的法律等。当然，最终如何选择诉讼方式、理由及法律，还要当事人自行决定。

如果认为自己的意见正确，也可坚持不变，但要及时反馈给法官。此时又面临两种可能：一是意见正确、沟通有效，法官仔细分析后审理并作出判断，当然结果并非一定符合当事人诉求。二是诉讼请求被驳回，导致时间和诉讼费的双重耗费。当诉讼请求被驳回时，首先要认真分析判决理由，然后做出选择：如果认为法官确实理解有误，可通过上诉，由二审法院确定最终结果；如果认为理由充分，可根据法官指引改变诉讼请求，寻求解决方法。

最后，找到下决心的方法。面对法官释明，可能要做出几次选择，如何甄别并正确判断呢？

一是听从法官的合理建议。毕竟法官经验相对丰富，而且法律也来源于生活，道理上讲得通自然可以相信。二是咨询可信之人。找到稳妥可靠值得信任的律师或懂法律的朋友，根据权威解答比较法官释明。三是检索类案裁判标准。近些年，最高人民法院一直致力于司法公开工作。中国裁判文书网有8000多万份各类文书，通过搜索同类案件文书，就可找到类案裁判标准。此外，还有各类法律检索平台供大家使用。最后提醒，人的共同点是都相信自己愿意相信的。但自己愿意相信的是否正确，最好通过多种途径综合判断。

案例三　**认真对待卖房广告**
——商品房销售广告被视为要约的条件

高磊[①]

为了更好地售出商品房，开发商往往会进行一定的广告宣传，吸引潜在买受人。这类宣传既包括对商品房配套设施、小区内外部环境的承诺，也包括关于商品房所处环境、绿化、交通等的描述，还包括商品房购买的优惠方式。潜在买受人往往会基于对这些承诺和描述的信赖而让潜在变成实在，自筹全款或者贷款购买房屋。

但是，开发商基于多种考虑，广告宣传的内容不一定都会纳入房屋买卖合同的书面文本中。买受人在签订合同时对此不以为意，当实际交付的商品房相关的配套设施等与宣传的内容具有较大差异时，就会与开发商产生争议。这些争议的实质在于广告内容是要约还是要约邀请。下面以张飞与尚品公司为例展开相关讨论。

案情回顾

（一）案件事实

2010年9月，张飞新婚不久，与妻子计划买房置业。10月，尚品公司发布销售广告，该广告里提到该公司正在预售尚品一号院房屋，业主子女享有进入名校五小尚品分校的权益。张飞看到该广告后，立即与妻子到尚品售楼处看了沙盘和合同文本情况。不久，张飞以自己的名义与尚品公司签订《预售合同》，约定了位置、面积、价款等条款，并未提及学区事宜，同时合同尾部还约定：出卖人展示的沙盘、模型、样板间、宣传资料及宣传广

[①] 北京市第二中级人民法院民事审判第一庭助理审判员、法官助理。

告等仅作推广示意，不构成任何要约，一切以本合同约定为准，本合同未约定的以交付实体为准。签约后不久，张飞依约交纳了首付款，并办理了贷款手续。

2012年5月，张飞入住尚品一号院的新家，并添加微信进入小区业主群。2013年8月，业主群里有人提到区里学校实行摇号政策，自己孩子无法在五小尚品分校上学。张飞随即与尚品公司沟通，尚品公司表示学区划分是区教委的政策，现在实行摇号政策，无法保证业主子女一定可以上五小尚品分校。张飞随即将尚品公司起诉到区法院。

（二）诉辩意见

张飞诉称：尚品公司发布广告明确表示业主子女可以上五小尚品分校，张飞基于对尚品公司的信任购买了尚品一号院的房屋。现与尚品公司沟通，其表示无法保证业主子女一定可以上五小尚品分校。尚品公司关于学校的说明属于要约，张飞基于该要约与尚品公司签订合同，进行了承诺，所以尚品公司应履行该义务，确保张飞子女可以上五小尚品分校。故请求法院确认业主子女可以上五小尚品分校这一约定成立。

尚品公司辩称：张飞与尚品公司签订合同时，小区业主子女确实可以上五小尚品分校。后来因为区教委调整学区，现在能否入学无法确定，该情况并非尚品公司导致。即使不能入学，尚品公司也不应承担违约责任。尚品公司广告中提及的业主子女入学问题仅是要约邀请，并非要约，双方合同中对此也无约定，所以不应基于要约承诺来约束尚品公司。双方合同中明确约定，出卖人展示的沙盘、模型、样板间、宣传资料及宣传广告等仅作推广示意，不构成任何要约，一切以本合同约定为准。既然合同明确排除合同之外部分作为要约的构成，那么即使张飞知晓广告的内容，但该广告并非尚品公司做出的自愿受其约束的要约，张飞签订合同不代表对业主子女入学问题的承诺。

（三）争议焦点

综合张飞、尚品公司的诉辩意见可知，业主子女入学约定成立的前提是尚品公司关于入学问题发布的广告是要约。只有尚品公司针对入学问题发出要约，基于此张飞签订买卖合同做出承诺，该要约才对尚品公司有拘束力。故此，本案的争议焦点为，尚品公司关于入学问题发布的广告是要约还是要约邀请。

法理分析

商品房销售广告属于商业广告的一种，其目的在于创造美好愿景进而吸引买受人前来签约，在实际签约过程中双方再行协商具体合同条款。从一般意义上讲，商品房销售广告是要约邀请，并非要约，这也有法律规定作为依据。但是在实际生活里，出卖人在销售广告和宣传资料中对商品房及相关设施所作的说明和承诺已达具体明确的程度，就应具体问题具体处理，不能简单地认定为要约邀请。

原《最高人民法院关于审理商品房买卖合同纠纷案件适用法律若干问题的解释》（以下简称《商品房买卖合同解释》）第三条[①]在要约和要约邀请之外拟制了视为要约的概念，即发生要约的法律后果。最重要的是，明确了商品房销售广告具备何种条件才可被视为要约，有效促进了房地产市场中广告的规范发布。

（一）视为要约的条件

依托于该司法解释的规定和其发布以来司法实践中容易存在的争议点，需要明确构成视为要约的条件。

第一，广告中应包含针对开发商开发规划范围内的房屋及相关设施的说明和允诺。该规定意味着广告包含的内容中所指向的对象必须要具备两点，一是针对房屋及相关设施，二是在开发商开发规划范围内。

[①] 《商品房买卖合同解释》第三条规定："商品房的销售广告和宣传资料为要约邀请，但是出卖人就商品房开发规划范围内的房屋及相关设施所作的说明和允诺具体确定，并对商品房买卖合同的订立以及房屋价格的确定有重大影响的，应当视为要约（《商品房买卖合同解释》于2020年修正，修正后为'构成要约'）。该说明和允诺即使未载入商品房买卖合同，亦应当视为合同内容，当事人违反的，应当承担违约责任。"

"房屋及相关设施"中，房屋是买受人购买的标的物本身，而相关设施是指商品房的基础设施和公共配套设施。商品房的基础设施包括供暖、供电、供水、小区景观、小区内道路、停车场等；公共配套设施包括商品房规划范围内的配套和商品房规划范围外的配套，如商业、服务业以及医疗教育、公共交通等公共设施的配套。

"开发商开发规划范围内"也对宣传对象的范围有所限定。该范围可依据建设用地规划许可证和建设工程规划许可证等确定。如开发商对开发规划范围之外的周边环境和公共设施的渲染、描述，若未订入合同，仅是广告宣传中予以涉及，不能因此认定为要约。需要说明的是，不能作为要约并非不承担责任。若此宣传为虚假宣传，造成购房者损失，购房者有权依据《民法典》第五百条[1]规定要求开发商承担缔约过失的损害赔偿责任。

第二，对房屋的说明和允诺应具体确定。依据《民法典》第四百七十二条的规定，要约的内容必须具体确定，在判断开发商广告宣传内容是否构成要约时，也应当依据这一标准进行。

所谓"具体"，是指说明与允诺不是抽象和概括的描述，而是非常清晰、详细的表述，适于履行。如就交通设施进行说明时仅表述交通便利，则不能视为具体。所谓"确定"，是指作出的表述是肯定明确的，而不是模糊有争议的。例如，在绿化面积达到60%的表述前附加了努力、尝试等字眼就不应视为确定，但若表述为保证，那就可以作为确定因素予以考虑。当然，并不要求说明和允诺的内容不会产生争议，但旁观者根据该文本表述可以确定，作为义务方如何履行义务即可满足具体确定的要求。

第三，对商品房买卖合同的订立和商品房的价格具有重大影响。一方面，影响买受人缔约意愿，即出卖人作出的说明和允诺使买受人产生信赖，直接促成购房人下定决心购买房屋。另一方面，影响标的房屋的价格，即出卖

---

[1] 《民法典》第五百条规定："当事人在订立合同过程中有下列情形之一，造成对方损失的，应当承担赔偿责任：（一）假借订立合同，恶意进行磋商；（二）故意隐瞒与订立合同有关的重要事实或者提供虚假情况；（三）有其他违背诚信原则的行为。"

作出的说明和允诺使其销售的房屋价格与同地段、同类型的其他房屋相比有一定程度的浮动。一般认为，房屋周边有交通、学校、医院的配套，以及小区的绿地、花园、安全设施等配置，这些因素的宣传对缔约意愿和房屋价格都有重大影响。不过，这些因素是否具有重大影响，不可一概而论。法官可根据个案情况，在当事人充分举证、质证后，行使自由裁量权，根据一般人的通俗观念来判断哪些属于足以产生重大影响的因素。

（二）个案具体辨析

尚品公司的广告中表述"业主子女享有进入名校五小尚品分校的权益"，该陈述能否根据《商品房买卖合同解释》第三条的规定视为要约呢？结合上述分析的三个条件，尚品公司的广告可视为要约。

尚品公司提及的名校五小尚品分校是尚品一号院配建的学校，位于尚品公司开发规划范围内，属于对相关设施具备一定条件的说明。该说明十分明确，并非简单陈述为有配建学校，而是将具体学校名称都予以列明。换言之，尚品公司能否完成该义务是可以明确判断的，不存在不确定的问题。同时，考虑到教育资源的分配问题，张飞在知晓尚品一号院配建五小尚品分校时，即使知晓该房屋价格与同地段、同类房屋价格相比有一定程度的浮动，依然愿意为自己的孩子进行该项投资，这体现了张飞愿意为孩子进行投资的舐犊之情，也进一步证明了尚品公司该广告的成功所在，即成功促使买受人购买尚品一号院房屋。

尚品公司的广告构成要约，那是否意味着张飞签订《预售合同》是对该要约的承诺，即双方就入学问题达成合意呢？如果没有特殊情况出现，上述问题的结论当然是肯定的。但就本案而言，尚品公司在双方的《预售合同》尾部明确排除了广告等因素作为要约的存在。换言之，尚品公司以文本的形式告知张飞自己不愿意受广告涉及内容的约束，既可以认为尚品公司明确否定了广告作为要约的存在，也可以认为其在张飞承诺前以新的要约替代了旧的要约。相应地，就入学问题，尚品公司并未做出要约，张飞签字的行为也不能相应地视为承诺，进而双方未就此达成合意。

当然，这里可能涉及尚品公司在合同尾部将广告排除要约是否构成格式条款的问题。一般意义上讲，作为签字承诺一方的张飞有义务在知悉尚品公司要约后进行承诺。张飞的签字就是对尚品公司合同文本要约的承诺。案件审理过程中，张飞并未提出格式条款无效或者重大误解撤销合同的诉讼意见。不过即使其提出该意见，基于条款文字的清楚明确，有理由认为张飞对相关内容是知晓的，继而相关的后果应由张飞承担，其不能据此主张无效或者撤销合同。

知识拓展

以上论述中，间或提及商品房销售广告、要约与要约邀请、虚假广告等概念。为了有效回答老百姓购房时可能遇到的各类问题，现就这几类概念进行展开讨论。

（一）商品房销售广告

商品房销售广告是商业广告的一种，但是开发商在出售房屋时所展现的广告形式更加多种多样，既有传统意义上的媒体广告，如报纸杂志上的印刷广告、电视平台广告以及互联网上的各种文本宣传，又有自行制作的售楼书及各种宣传材料。甚至建筑工程施工现场的广告牌、样板房展示、楼盘、俯瞰图等都可以被视为广告。

为了更有效地吸引买受人前来签约，开发商在借助商品房销售广告的各种形式宣传和介绍商品房的同时，还会作出对购买商品房特定事项或者质量的声明、陈述。主要分为几种情形：1.商品房环境质量的广告，比如绿化面积等；2.商品房使用功能的广告，比如一梯几户等；3.商品房美观广告，比如内外部装饰装修等；4.向购房者提供某些优惠或附带赠送礼品的广告，比如前期购买可打折优惠等。

在实践中，买受人往往基于开发商在宣传资料中对商品房及相关设施所作的具体确定的说明和允诺决定是否购买房屋。《商品房销售管理办法》第十五条规定:"房地产开发企业、房地产中介服务机构发布的商品房销售广告和宣传资料所明示的事项,当事人应当在商品房买卖合同中约定。"虽然有规定在此,同时还针对商品房交易文本提供了示范文本,但是出卖人广告中涉及的内容总是丰富多彩,无法为制式合同所涵盖,双方对此进行协商的余地也比较小。即使可以协商,买受人在房地产市场中仍处于弱势地位,销售广告和宣传资料中的许多说明和允诺并未订入合同之中。且销售人员轻言允诺,买受人由于法律意识不强,不要求坚持订入合同,导致产生纠纷时处于不利局面。

由于实践中商品房销售广告与买受人签约有很大的关系,所以在双方产生纠纷时,会基于法律规定对商品房销售广告给予不同的定性,主要分为以下几种:

第一,被视为要约。商品房销售广告符合原《商品房买卖合同解释》第三条的规定,可视为要约。买受人签订合同后,广告相关内容对出卖人有约束力。若是所作的说明、允诺系针对开发规划之外部分的设施,出卖人明知虚假仍然对外宣传,可能构成虚假广告,承担赔偿责任。

第二,仅为要约邀请。商品房销售广告内容往往不够具体、明确,一般不包含要约的意思,依据《民法典》第四百七十三条第一款的规定,认定其不具备合同要约的要件,性质仅为要约邀请,对双方当事人均不产生合同的约束力。

第三,构成要约。商品房销售广告所作的说明、允诺虽未直接载入合同正本中,但是列入购房合同附件,视为双方合同组成部分,对双方合同产生约束力。

第四,要约排除。商品房销售广告作出了相关说明、允诺,但正式合同中明确排除了正式合同之外的内容的约束力。应视为出卖人对此前的要约进行实质性变更,买受人针对变更后的要约进行了承诺,仅合同文本内容对双方产生约束力。

既然商品房销售广告对于商品房市场的交易有这么重大的影响,肯定离不开法律的明确规定。《广告法》第二十六条①明确要求房源信息要真实,力求对面积表述的确定,同时还明确对不得包含的内容进行了列举。国家工商行政管理总局《房地产广告发布规定》对广告内容、涉及房地产的情况、发布主体的资格等进行了明确规定。以交通、商业、文化教育设施以及其他市政条件为例,规定要求不得作误导宣传,这里面就包含两个内容,第一,准许进行宣传的,要按照广告规定真实表述;第二,规划明确的情况下明知故犯、作出误导宣传的,应承担相应的民事责任和行政责任。

综合以上有关广告的知识,买受人在置业过程中对出卖人的销售广告应当有确定的认知。第一,要做好自己的判断和资料整理,不要盲信出卖人的口头之词。对于不符合规范的广告,要认清出卖人的目的,剥离该类广告对自己购房意向的影响。当然,如果房屋本身符合自己的要求,仍可以根据自己的判断进行购买。第二,确保允诺有书面证据支持。如果出卖人作出了过分夸张的允诺,最好与其签订补充协议,使其允诺落在纸上,可以对双方进行约束。即使没有纳入合同文本,在签订合同过程当中以各种形式出现的广告,都有必要保留证据,确保维权依据充分。

(二)要约与要约邀请

《民法典》第四百七十二条②和第四百七十三条③明确了要约、要约邀请的含义和要件。其中规定商业广告在常规意义上为要约邀请,在其具备一定

---

① 《广告法》第二十六条规定:"房地产广告,房源信息应当真实,面积应当表明为建筑面积或者套内建筑面积,并不得含有下列内容:(一)升值或者投资回报的承诺;(二)以项目到达某一具体参照物的所需时间表示项目位置;(三)违反国家有关价格管理的规定;(四)对规划或者建设中的交通、商业、文化教育设施以及其他市政条件作误导宣传。"

② 《民法典》第四百七十二条规定:"要约是希望与他人订立合同的意思表示,该意思表示应当符合下列条件:(一)内容具体确定;(二)表明经受要约人承诺,要约人即受该意思表示约束。"

③ 《民法典》第四百七十三条规定:"要约邀请是希望他人向自己发出要约的表示。拍卖公告、招标公告、招股说明书、债券募集办法、基金募集说明书、商业广告和宣传、寄送的价目表等为要约邀请。商业广告和宣传的内容符合要约条件的,构成要约。"

条件而符合要约规定时可视为要约。这种做法在法律上被称为法律拟制，其本质目的是限制广告发布者言而无信、信口开河的行为，也能保障交易过程更符合诚实信用原则。

为了更好地分辨两者的区别，需要明白两者在法律特征上的不同。首先，要约是由一方向他人发出订立合同的意思表示，而要约邀请是一方邀请对方向自己发出要约。其次，要约是当事人旨在订立合同的意思表示，它能够一经承诺就形成合同，双方离合同成立只是一步之遥。而要约邀请是一种事实行为，不是意思表示，要约邀请是当事人订立合同的预备行为，在发出要约邀请时，当事人仍处于订约的准备阶段。最后，要约在发出以后，对要约人和受要约人都产生一定的拘束力。而要约邀请只是引诱他人发出要约，只要没有给善意相对人造成信赖利益的损失，要约邀请人一般不承担法律责任。

要约一经承诺不得反悔，具有法律评价的必要。但要约邀请只是准备行为，是否真的没有法律效力呢？这要从要约邀请的目的说起。虽然要约邀请一般是为了引诱他人发出要约，但是如何在众多发出要约邀请的主体中脱颖而出，就需要在要约邀请中提出交易条件。由于这些包含交易条件的要约邀请对合同订立有一定程度的影响，将其纳入法律领域进行评价就显得很有必要。

首先，双方经过要约邀请、要约、承诺达成合同后，要约邀请中允诺的条件与实际不一致，有可能构成欺诈，进而符合《民法典》第五百条第二项规定的在合同订立过程中"提供虚假情况"或第三项规定的"其他违背诚信原则的行为"，构成缔约过失责任。其次，要约邀请中提出的条件因客观原因变化无法兑现或者要约邀请中提出的条件本身违反法律的禁止性规定不能兑现，如果要约邀请人存在过错，并给要约人造成信赖利益损失的，也应当承担缔约过失责任。再次，要约邀请中的特别条件大多数时候并未写入合同文本，但由于是邀请人在发出邀请时的特别注明，要约人发出要约时如果没有明确表示反对，应该视为接受该特别条件，该特别条件应当纳入合同内容。最后，要约邀请的内容未能纳入合同之中，在双方对合同条款的理解产生争议的时候可以对合同的解释产生证据的效力。

之所以如此详尽分析，主要是给有关买卖双方以提醒。一方面，给广告发布者以警惕,应该依据规定发布广告。不要心存侥幸,即使广告被认定为要约邀请,也可能会产生相应的法律责任,还可能会对公司品牌产生影响。另一方面,给买受人以救济途径,广告被认定为要约时有违约责任的保护。即使仅认定为要约邀请,还有认定为缔约过失责任的可能,买受人在明确救济路径之后,可选取合理的权利实现方式。

(三)虚假广告的认定

商品房销售过程中,开发商可能会有意无意地发布一些对买受人来说虚假的广告。主要分为三方面,一类是明知不真实,故意欺骗买受人的;一类是发布时为真实,后来因为客观情况无法实现的;一类是做出有些略微夸张的吹嘘。

《广告法》第二十八条① 对虚假广告进行了明确定义,并列举了一些典型虚假广告的情形。主要有两点:第一,内容失实。即只要商品房销售广告内容与客观实际情况不相符,就应当认定其为虚假广告,当然这需要区分后期发生客观变化导致不一致的例外情况。第二,广告中的误导性陈述足以使消费者产生误解。一些商品房销售广告中存在片面的、模糊的宣传,虽然内容是真实的,但因其似是而非、模棱两可,导致买受人对某些信息陷于错误的认识。比如广告内容所要表达的真实意思与人们按照习俗、惯常理解的意思不符,会使消费者对广告产生误解误认,那么这样的广告就应被判定为虚假广告。

---

① 《广告法》第二十八条规定:"广告以虚假或者引人误解的内容欺骗、误导消费者的,构成虚假广告。广告有下列情形之一的,为虚假广告:(一)商品或者服务不存在的;(二)商品的性能、功能、产地、用途、质量、规格、成分、价格、生产者、有效期限、销售状况、曾获荣誉等信息,或者服务的内容、提供者、形式、质量、价格、销售状况、曾获荣誉等信息,以及与商品或者服务有关的允诺等信息与实际情况不符,对购买行为有实质性影响的;(三)使用虚构、伪造或者无法验证的科研成果、统计资料、调查结果、文摘、引用语等信息作证明材料的;(四)虚构使用商品或者接受服务的效果的;(五)以虚假或者引人误解的内容欺骗、误导消费者的其他情形。"

广告被认定为要约或者要约邀请时，虚假的定性会产生不同的法律效果。第一，在要约的语境下，可能认定广告发布方构成欺诈，继而买受人可主张撤销合同，并且要求其赔偿因此造成的损失。第二，在要约邀请的语境下，可能认定广告发布方违反诚实信用原则，继而买受人可基于缔约过失责任要求出卖人赔偿损失。第三，对于客观发生变化导致不一致时，广告发布方应及时通知对方，并适当补偿对方，否则也可能产生赔偿责任。第四，对于广告当中的夸大之词，虽然不够真实，但定性为虚假又会显得过于严重，这类情况很难认定出卖人构成欺诈，买受人应予以正确判断，准确界定，不如把出卖人的吹嘘理解成宣传手段。

普法提示

当潜在的买房人欲拿出多年积蓄置办房产，面对开发商扑面而来、天花乱坠般的商品房销售广告时，采取何种应对措施才可以使自己投入的资金都物超所值？除了在主观上予以重视，还应从细节上把握，做到知己知彼、不被欺骗。

（一）审阅文本，排除权利限制条款

出卖人自行提供制式文本，由于条款较多，内容比较繁杂，出卖人可能会将对自己有利或者限制买受人的权利条款掺杂其中。而一般买受人关注价款、房屋面积等条款，对其他条款不太重视，直接签字了事。在这种情况下，如果双方发生争议，买受人在依据上将会受到很大限制。所以既然文本有约定，就应该逐条进行研究，提前以纠纷作为设想情形来判断自己如何依据合同文本实现合同权利。当然，出卖人在签订合同前，会对美好愿景添油加醋，所以当出卖人明确表示此前广告宣传仅作为推广示意，以合同文本为准时，更应该判断签订合同的必要性。

（二）协商补充，将关键事项明确

买受人花费重金购置房产，看重的是开发商所售房产的品质，以及开发商作出的诸多承诺。应将其关心的关键问题予以明确，通过与开发商提交的买卖合同制式文本予以比对，对文本上予以显示的，选择列入双方合意；对文本中没有显示的，尝试与开发商通过补充协议的形式达成合意。当然，开发商有可能以各种理由回避明确约定，此时买受人应衡量其中的风险，做好承受相关不利后果的准备。

（三）留存资料，避免纠纷时有理无据

买受人打算进入房屋交易市场时，应以房屋为着眼点，收集各种相关信息，包括露天广告、在线新闻、自制楼书以及沙盘照片等，对于开发商提供的纸质文本务必做好保存措施。尤其是那些影响自己购买房屋的因素，如果在开发商广告中有所涉及，更应该予以重点标注。与开发商工作人员沟通房屋相关情况的短信、微信、邮件也要做好整理，确保开发商所作表述有迹可循。不可听信任何不落在文本上的口头保证，销售人员的承诺往往是为了吸引买受人去签约的话术，而合同文本的内容并非其所能左右，所以买受人应更加谨慎。

（四）专业介入，让诉求更站得住脚

买受人发现开发商无法兑现此前承诺时，不可轻举妄动，单纯前去抗议只会让开发商做好应对准备。相反，应当不动声色地咨询专业人员，并通过律师等作为代理人以买受人的名义与开发商进行沟通。一方面，可通过开发商工作人员的陈述做好对开发商不利证据的收集；另一方面，也可让开发商意识到问题的严重性，迫使其在无理时做好和解的准备。当然，如果买受人经过咨询专业人士发现诉求无法得到支持时，也应做好心理建设，不要投入过多的精力，使自己损失扩大。

案例四　**房屋预售合同的效力问题**
——房屋预售合同五证不全时的合同效力如何？

霍翠玲①

案情回顾

俗话说，安居乐业，买房安居是老百姓一辈子的大事。但是买房过程中如果不小心"掉坑里"，往往有可能白白花了钱，却没能买到心仪的房子。那么，买房过程中会遇到什么样的陷阱，遭遇什么样的麻烦事儿呢？请看下面这个案例。

2009 年 7 月，李五环先生与某房地产公司签订《商品房预售合同》，李五环先生购买该公司开发的房屋，房屋面积 80 平方米，总金额 30 多万元。合同还约定首付款 10 万元，其余 20 多万元贷款支付；出卖人应当在 2009 年 10 月底依照国家和地方人民政府的有关规定，将取得建筑工程竣工验收备案表、面积实测技术报告书、商品房住宅交付使用批准文件并符合合同约定的商品房交付买受人使用；出卖人应当在商品房交付使用后 90 日内，将办理权属登记需由出卖人提供的资料报产权登记机关备案。签订合同后，李五环先生按期支付了首付款。在办理贷款时，因该房地产公司预售房屋手续不全，银行不予办理按揭贷款，所以李五环先生一直未交纳剩余 20 万元房款。2010 年 4 月，李五环先生领取房屋钥匙，住进了房屋，但产权证一直没能办理。

原来，李五环先生买房的房地产项目属于危改项目，项目建设的房屋部分用于拆迁安置，部分用于对外销售。但建设项目及销售手续不全，也没有商品房预售许可证，房地产公司边建设边办理手续，先后办理了《北京市建设工程开工审查表》《建设工程规划许可证》《国有土地使用权证》等，后来

---

① 北京市第二中级人民法院民事审判第一庭法官。

因为政府规范并严格管理房地产开发市场，后续的各项手续无法办理，也就没有办理竣工验收手续。

2017年，该房地产公司起诉李五环先生，要求确认《商品房预售合同》无效，李五环先生返还房屋。理由是：李五环先生入住房屋多年，未交纳剩余房款。关于房产证办理问题，房地产公司最初认为房屋可以办理产权证，经过努力还是没有办下来，并非故意拖着不办。关于按揭贷款，2009年，房地产公司与银行协商好办理按揭贷款，到2010年下半年办理按揭贷款时，银行说国家有政策变化，不能贷款了，该因素非其能左右，因此责任不在房地产公司。

李五环先生不同意合同无效及解除合同，理由有：双方在合同中约定，某房地产公司承诺在其入住房屋后90日内办理房产证，现在房地产公司未履行合同义务，却诉请合同无效、返还房屋，有违诚实信用原则；房地产公司承诺为其办理银行按揭贷款，但因房地产公司手续不全的原因导致无法办理，因此剩余房款未交纳，责任不在个人。房地产公司曾承诺涉案房屋所在小区均为大产权房，2014年年底前办理房产证，但至今未履行。房地产公司已经取得商品房所在项目的《建设用地规划许可证》《国有土地使用证》等，表明其对土地及地上物有处分权。涉案房屋已交付李五环先生使用多年，是否具有商品房预售许可证不是为买房人设定的义务，因此合同有效应当继续履行。

双方的说法都有一定道理。从李五环先生的角度来说，当初开发商允诺可以办证，并且自己按照约定交了首付款。未交纳后续房款是因为贷款办不了，不是故意不交。居住了这么多年，现在退房觉得冤。开发商认为自己也有理，当初市场环境宽松，边建设边办手续，且有的楼栋已经办完了，并非故意不办，业主占着房子，后续房款收不上来，手续也办不了，只能退房解决。

这个案件的争议焦点就是李五环先生与该房地产公司签订的《商品房预售合同》是不是合法有效，能不能继续履行下去。

一审法院审理认为，出卖人未取得商品房预售许可证，与买受人订立的《商品房预售合同》违反了法律、法规的强制性规定，应属无效。合同无效后，因合同取得的财产应当返还。有过错的一方应当赔偿对方因此所受到的损失；双方都有过错的，应当各自承担相应的责任。房地产公司主张返还房屋，理由正当，法院予以支持。经法院释明，李五环先生未在一审中提出反诉，故其就合同无效后果的处理可以另行解决。因此，一审法院判决：1.确认房地产公司与李五环先生签订的《商品房预售合同》无效；2.李五环先生于判决生效之日起30日内将所购房屋返还给房地产公司。判决后，李五环先生提出上诉，认为自己购房居住多年，现在判决合同无效、返还房屋，有失公正。

二审法院经审理认为，涉案房屋所在土地虽然办理了《建设用地规划许可证》《国有土地使用证》，涉案建筑工程也办理了建设工程开工审批及《建设工程规划许可证》等手续，但涉案建筑工程没有办理竣工验收手续。涉案工程系先开工后立项并补办相关手续，没有严格按照相关规定的程序办理。房地产公司亦没有取得相应的预售许可。房地产公司与李五环先生签订的《商品房预售合同》违反了法律的效力性强制性规定，应属无效。一审法院依法确认上述合同无效，并无不当，二审予以维持。

关于合同无效后是否应当立即返还房屋的问题，李五环先生在诉讼中始终坚持合同有效，且在一审诉讼中坚持不就赔偿损失提起反诉。如在本案中一并处理房屋返还问题，势必造成其负有先腾退房屋的义务，而房地产公司能否在房款退还后及时赔偿其损失，也关系到对李五环先生的居住利益这一基本生存权利的保护。鉴于李五环先生购买并已入住使用涉案房屋多年，故涉案房屋的返还与合同无效后其他后果一并处理为宜，暂不支持房地产公司返还房屋的请求。因此，二审判决维持了一审关于合同无效的判项，驳回了一审法院关于返还房屋的判项。

法理分析

关于本案有几个问题需要进一步解释。

(一) 本案房屋预售合同为什么被法院确认无效?

首先,要清楚法律就合同无效是如何规定的。《合同法》第五十二条①规定:"有下列情形之一的,合同无效:(一)一方以欺诈、胁迫的手段订立合同,损害国家利益;(二)恶意串通,损害国家、集体或者第三人利益;(三)以合法形式掩盖非法目的;(四)损害社会公共利益;(五)违反法律、行政法规的强制性规定。"

合同无效是指合同虽然已经成立,但因严重欠缺有效要件,法律否定其效力。无效的合同自始无效,就是说从订立之初就没有法律拘束力。已经履行或部分履行的,应当通过返还财产、赔偿损失等方式,使当事人的财产状况恢复到合同订立前的状态。《合同法》第五十二条规定了合同无效的几种情形:欺诈、胁迫损害国家利益;恶意串通损害国家、集体或者第三人利益;以合法形式掩盖非法目的;损害社会公共利益以及违反法律、行政法规的强制性规定。上述规定的条件有一条符合,那么合同就是无效的。

本案中,影响《商品房预售合同》效力的属于上述规定的最后一项,即合同违反了法律、行政法规的强制性规定。具体是什么规定呢?《城市房地产管理法》第四十五条规定:"商品房预售,应当符合下列条件:(一)已交付全部土地使用权出让金,取得土地使用权证书;(二)持有建设工程规划许可证;(三)按提供预售的商品房计算,投入开发建设的资金达到工程建设总投资的百分之二十五以上,并已经确定施工进度和竣工交付日期;(四)向县级以上人民政府房产管理部门办理预售登记,取得商品房预售许可证明。商品房预售人应当按照国家有关规定将预售合同报县级以上人民政府房产管理部门和土地管理部门登记备案。商品房预售所得款项,必须用于有关的工程建设。"从此规定可以看出,法律对商品房预售规定了严格的条件。

《最高人民法院关于审理商品房买卖合同纠纷案件适用法律若干问题的解释》第二条规定,"出卖人未取得商品房预售许可证明,与买受人订立的

---

① 《民法典》第一百四十四条、第一百四十六条、第一百五十三条和第一百五十四条规定了合同无效的若干情形。

商品房预售合同，应当认定无效，但是在起诉前取得商品房预售许可证明的，可以认定有效"。可见，最高人民法院司法解释对此问题明确了意见。具体到本案，法院认为涉案房屋所在土地虽然办理了《建设用地规划许可证》《国有土地使用证》手续，但涉案房屋的《建设工程施工许可证》《房屋预售许可证》均仍未办理，在此情况下，法院依法确认涉案合同无效。

（二）关于合同无效的后果问题

如前文所述，无效的合同自始无效。《合同法》第五十八条① 规定，合同无效后，因该合同取得的财产，应当予以返还；不能返还或者没有必要返还的，应当折价补偿。有过错的一方应当赔偿对方因此所受到的损失，双方都有过错的，应当各自承担相应的责任。因此，本案中，虽然二审法院基于李五环先生未提反诉，认为房屋的返还应当与损害赔偿一并处理为宜，判决暂不腾房，但该处理结果只是暂时性、权宜性的。

（三）关于合同无效的损失赔偿问题

合同无效后，因合同取得的财产应当返还。有过错的一方应当赔偿对方因此所受到的损失，双方都有过错的，应当各自承担相应的责任。具体到这个案件，尽管法院没有处理房屋返还及损失赔偿问题，但是合同无效后终究要面临确定责任、相互返还财产、赔偿损失的问题。本案房地产公司当然应承担合同无效的最主要责任，但李五环先生在购房时没有注意到房地产公司手续不全或者注意到了却贪图便宜购房，这些都是考量李五环先生责任的因素。就是说，即使赔偿，李五环先生得到的赔偿数额也可能会打折扣。

---

① 《民法典》第一百五十七条规定："民事法律行为无效、被撤销或者确定不发生效力后，行为人因该行为取得的财产，应当予以返还；不能返还或者没有必要返还的，应当折价补偿。有过错的一方应当赔偿对方由此所受到的损失；各方都有过错的，应当各自承担相应的责任。法律另有规定的，依照其规定。"

知识拓展

交易有风险，购房须谨慎，那么在购房时有哪些基本知识应该进行了解呢？下面主要谈一下商品房预售和现售有什么区别，以及商品房五证都是什么。

（一）商品房预售和现售的区别

1. 商品房预售和现售的定义

《商品房销售管理办法》第三条规定，商品房销售包括商品房现售和商品房预售。商品房现售，是指房地产开发企业将竣工验收合格的商品房出售给买受人，并由买受人支付房价款的行为。商品房预售，是指房地产开发企业将正在建设中的商品房预先出售给买受人，并由买受人支付定金或者房价款的行为。

2. 关于商品房现售的有关规定

《商品房销售管理办法》第七条规定："商品房现售，应当符合以下条件：（一）现售商品房的房地产开发企业应当具有企业法人营业执照和房地产开发企业资质证书；（二）取得土地使用权证书或者使用土地的批准文件；（三）持有建设工程规划许可证和施工许可证；（四）已通过竣工验收；（五）拆迁安置已经落实；（六）供水、供电、供热、燃气、通讯等配套基础设施具备交付使用条件，其他配套基础设施和公共设施具备交付使用条件或者已确定施工进度和交付日期；（七）物业管理方案已经落实。"第八条规定，房地产开发企业应当在商品房现售前将房地产开发项目手册及符合商品房现售条件的有关证明文件报送房地产开发主管部门备案。

3. 关于商品房预售的规定

《城市商品房预售管理办法》第五条规定："商品房预售应当符合下列条件：（一）已交付全部土地使用权出让金，取得土地使用权证书；（二）持有建设工程规划许可证和施工许可证；（三）按提供预售的商品房计算，投入开发建设的资金达到工程建设总投资的25%以上，并已经确定施工进度和竣工交付日期。"第六条规定，商品房预售实行许可制度。开发企业进行商品房预售，应当向房地产管理部门申请预售许可，取得《商品房预售许可证》。未取得《商品房预售许可证》的，不得进行商品房预售。《城市房地产开发经营管理条例》详细规定了达到什么样的条件开发商才能预售商品房，其第二十二条规定："房地产开发企业预售商品房，应当符合下列条件：（一）已交付全部土地使用权出让金，取得土地使用权证书；（二）持有建设工程规划许可证和施工许可证；（三）按提供的预售商品房计算，投入开发建设的资金达到工程建设总投资的25%以上，并已确定施工进度和竣工交付日期；（四）已办理预售登记，取得商品房预售许可证明。"第二十六条第一款规定，房地产开发企业预售商品房时，应当向预购人出示商品房预售许可证明。

从上述规定看，商品房预售的对象是期房，现售的对象是现房。预售的话需要预售许可证；现售的话，出卖人需要有房地产开发资质，取得土地使用权及建设工程有关许可文件，此外商品房配套基础设施和其他配套基础设施以及公共设施需达到相应的条件。

（二）什么是商品房销售"五证齐全"？

五证包括《建设用地规划许可证》《建设工程规划许可证》《建筑工程施工许可证》《国有土地使用证》《商品房预售许可证》。其中，前两个证由政府规划主管部门核发，《建筑工程施工许可证》由政府建委有关部门核发，《商品房预售许可证》由政府房屋管理部门核发，《国有土地使用证》由政府国土管理部门核发。没有规划及施工许可的房屋，会被房屋管理部门定性为违章建筑，没有商品房预售许可证的预售合同，应直接认定为无效合同。

通过阅读案例，我们知道本案中的房地产公司仅取得了建设工程开工审批、《建设工程规划许可证》、《建设用地规划许可证》以及《国有土地使用证》，缺少了《建筑工程施工许可证》和《商品房预售许可证》。注意建设工程开工审批并不是《建筑工程施工许可证》。另外，商品房建成后还没有办理竣工验收手续。因此，法院确认商品房预售合同无效，是符合法律规定的。

普法提示

攒钱买房不易,应如何规避风险,注意哪些事项呢?

(一)查看开发商销售房屋的五证是否齐全

为什么购房时首先要查看五证呢?

第一,首先介绍一下我国房地产法体系下的"房地一体"原则。"房地一体"原则,是指土地使用权和土地上的房屋等建筑物和附着物的所有权归属于同一主体,在房地产转让或抵押时,房屋所有权和土地使用权必须同时转让、抵押。通俗地说就是"房随地走、地随房走"。根据该原则,房屋不能独立于土地,相应地,土地亦不能独立于房屋成为物权客体,而以房地产作为物权客体。所以现在办理的房屋产权证书叫作不动产权属证书。从这个原则可以引申出结论,土地不合法、建筑物不合法都无法办理产权证。

第二,知道了"房地一体"原则,我们在考察购买房屋时,应先从土地的合法性入手。现阶段我国采取的是国家进行土地征收,将集体土地转变为国有土地,再以"招拍挂"的方式,将国有土地使用权进行出让,开发商取得出让土地使用权进行土地开发、经营的模式。因此,商品房销售五证中需要查看的第一个证就是《国有土地使用证》。

第三,土地合法之后,还存在建筑物是否合法的问题。我国《建筑法》对建筑工程实行建筑许可审批制度,从用地审批、建设工程规划审批、施工许可,到建筑工程质量管理,都进行了详细的规定。目的是确保建筑工程质量和安全,符合国家的建筑工程安全标准。因此,商品房销售五证中就包括《建设用地规划许可证》《建筑工程规划许可证》《建筑工程施工许可证》。开发商拥有该三个证,那就说明其开发建设的房屋手续齐全了。

第四,前面说到房屋销售包括现房和期房。如果是期房销售,要求开发商提供《商品房预售许可证》。如果有预售许可证,还要进一步查看将要购买的房屋是否在预售许可范围之内。如果是现房销售可以没有预售许可证,但是要求开发商提供其他证明以及房屋竣工验收证明。

（二）查验商品房开发商是否具有房地产开发资质和房屋性质

查验房地产开发商的开发资质具体就是查看营业执照、开发企业资质证书等。

查看房屋性质就是要看是政策性安置用房，还是可以对外销售的商品房。如果是安置用房，需要确认本人是否有购房的资格，如果没有购房资格，会面临购房合同无效的风险。本案例中的房屋就是危改房项目对外销售且证件不全的房屋。

（三）审慎签订商品房预售或买卖合同

签订合同时，建议使用政府制定的示范文本，仔细阅读并理解合同条款，尤其是关键的合同条款，比如关于首付款、贷款的约定，交房时间及条件、办证时间的约定，以及违约责任条款的约定是否具体明确等。此外，补充条款的签订亦非常重要，因为补充协议往往修改了主合同的约定，一旦签订，非协商一致不能修改。

案例五 | **团购预售商品房应当注意的问题**
——未成功购房，团购费怎么办？

姚颖[①]

🗨 案情回顾

（一）老张参加期房团购，买到问题房

2016年5月6日，老张为购买某房地产开发商（以下简称开发商）开发建设的商品房（系期房），在该开发商的售楼处与团购活动方金木公司（系房产经纪公司）就团购服务协议进行协商，老张同意通过向金木公司支付团购服务费5万元的方式，享受减免10万元房款的优惠。现场很多客户担心抢不到团购名额，都急着签团购服务协议，抢着交服务费，老张见状不由得着急，赶紧催着给自己介绍团购活动的业务员王建把团购服务协议签了，看见王建签了字，老张急匆匆签上自己的名字，跟随王建交服务费，财务人员刷了两回POS机，第一笔刷了3万元，POS机签购单显示的商户名是联桥公司（系房产经纪公司）；第二笔刷了2万元，POS机签购单显示的商户名是振邦公司（系房产经纪公司）。老张不解，王建解释说："您只管交了这5万元就行了，分两笔是我们公司自己的合作分利问题，跟您没关系，不影响您享受房价优惠。"随后，老张顺利地与开发商签订了商品房预售合同，享受到了10万元价格优惠并支付了首付款20万元。对这次能够买到心仪的住房并且享受到了团购优惠，老张很有成就感，不料之后却得知，开发商因建设手续存在问题一直未能取得商品房预售许可证，也无法办理商品房的初始产权登记。情急之下，老张赶紧向开发商索要购房首付款和团购服务费，开发商

---

① 北京市第二中级人民法院民事审判第一庭法官。

退回了 20 万元首付款，但不同意返还团购服务费。

（二）讨要无门，诉至法院

事发后，老张为索回团购服务费，拿着团购服务协议和 POS 机签购单找律师进行咨询。律师看后，表示协议签订有问题。这上面只签了手写的"联桥公司王建"的字样，没有任何公司的盖章。再看签购单，一张商户名称是联桥公司，另一张是振邦公司，均非金木公司。律师建议老张去找联桥公司和振邦公司索要服务费，但是老张说自己根本就找不到这两家公司。思前想后，老张最终将开发商、金木公司、联桥公司、振邦公司诉至法院，要求四公司返还其团购服务费 5 万元。

（三）法院依法维护当事人合法权益

一审法院受理后，只联系到了开发商，法院到其他三家中介公司的注册地进行送达，均未找到三家公司，后法院通过登报的方式向三家中介公司公告送达了应诉手续和开庭传票，之后三家中介公司均未到庭应诉。

一审法院经审理认为，老张系基于居间法律关系支付了团购服务费，开发商与老张之间并不存在居间关系，亦未收取团购服务费，故老张起诉开发商返还服务费没有依据；老张提交的团购服务协议上没有金木公司的盖章，亦没有金木公司的授权签约代表签字，金木公司亦未收取团购服务费，没有证据证明老张与金木公司之间存在居间合同关系，故老张起诉金木公司返还服务费亦无依据；联桥公司、振邦公司分别收取了老张的团购服务费，两公司对收取该笔费用的缘由未提供合理解释，因开发商未取得商品房预售许可证出售房屋，故居间方实际并未促成老张与开发商签订房屋买卖合同，因此联桥公司、振邦公司应当分别将收取的服务费返还给老张。

联桥公司不服一审判决，提起上诉称：联桥公司没有收到 3 万元居间费，虽然老张持有的 POS 机签购单上商户名为联桥公司，但是该 POS 机绑定的银行账户系案外自然人孙某的个人账户，因此，老张的付款行为与联桥公司无关，联桥公司未收到 3 万元服务费，不应当承担返还责任。

老张虽然服从一审判决，没有提起上诉，但是他认为自己是在开发商售楼处交纳的团购服务费，售楼处是开发商的办公场所，开发商对5万元服务费的偿还应当承担连带责任。

二审法院经审理认为，收取老张服务费3万元所使用的POS机虽未直接关联联桥公司的对公账户，但是该POS机所关联的账户主体孙某系联桥公司的控股股东，联桥公司主张其与本案纠纷无关的上诉理由，缺乏充分依据。再者，即使联桥公司据以抗辩的事实存在，其对控股股东涉及其公司的行为不知情，亦属于其公司内部管理问题，不得以此对抗善意相对人，故驳回联桥公司的上诉请求，维持原判。

法理分析

（一）本案中的被告主体问题

本案中老张一并起诉了开发商和三家房产经纪公司，那么这四家公司他都起诉对了吗？这首先就需要甄别老张是基于何种法律关系主张权利的。在购房过程中，老张为取得房价优惠，向居间人交纳了居间服务费，其与联桥公司、振邦公司建立了事实上的居间服务关系，现其依据团购服务的事实主张返还居间服务费，系基于居间法律关系主张权利，因此居间法律关系的主体系本案的适格当事人，老张应当将居间人作为被告。本案中，开发商与老张之间签订的是商品房预售合同，建立的是买卖合同关系，该合同关系与老张诉请所依据的居间服务关系无关，开发商与老张之间并未建立居间服务法律关系，因此老张起诉开发商作为被告是错误的。对于金木公司，老张持有的团购服务协议上并没有加盖金木公司的公章或者合同专用章，老张亦未提交证据证明联桥公司王建有权代理金木公司签署合同，且无证据显示金木公司收取了居间服务费，因此法院无法认定老张与金木公司之间存在居间服务关系，故老张起诉金木公司作为本案被告也是错误的。就联桥公司、振邦公司而言，虽然两公司与老张之间并未签订书面居间服务合同，但是老张确实经居间签订了商品房预售合同，联桥公司和振邦公司分别收取了居间服务费，且两公司对所收取的服务费的性质不能作出其他合理解释，因此法院认定两公司与老张之间形成事实上的居间合同关系是正确的，两公司是本案适格被告。

（二）老张所签商品房预售合同的效力问题

老张所购商品房系期房，根据最高人民法院相关司法解释的规定，出卖人未取得商品房预售许可证明，与买受人订立的商品房预售合同，应当认定无效，但是在起诉前取得商品房预售许可证明的，可以认定有效。本案中，开发商因缺少项目建设手续的原因一直未能取得商品房预售许可证，因此，其与老张签订的商品房预售合同应属无效合同，合同无效的法律后果是合同自始不发生法律效力，因此老张和开发商之间实际上并不存在对双方有约束力的买卖合同。老张因未能成功购房而要求居间人退还居间服务费的请求是有事实基础的。

（三）居间费用应否退还

有人会产生疑问：老张和开发商签订了合同，也享受了优惠，居间人已经提供了居间服务，履行了居间义务，为什么要退还居间费？对居间费应否退还的问题，不能一概而论，应当具体问题具体分析。如果经居间人居间签订的买卖合同合法有效，买卖合同仅因当事人一方或者双方自身的原因不再履行，则居间人获取的居间费无须退还。但是如果经居间签订的合同被认定为无效，且居间人对此负有过错，则委托人有权要求居间人退还居间费。本案中，居间人联桥公司、振邦公司均系专业的房产经纪公司，具备审查居间标的是否取得预售许可证的专业能力，其对开发商未取得预售许可证情况下出售房屋的法律后果应当明知，在此情况下，委托人老张要求居间人返还居间费应当得到法律支持。

知识拓展

（一）合同成立的条件

提到合同的成立，老百姓会觉得这是个法律专业问题，但是我们日常生活中经常提到的"您开个价吧""再便宜点儿"就是合同成立前的磋商过程。"口罩多少钱一个？5块钱一个！好，给您钱，给我拿50个！"于是一个买卖口罩的合同就以口头形式成立了。合同标的为口罩，货物单价为5元，货物数量为50个，履行方式为即时履行。对于这类能够即时履行的合同，生活中大家常采取口头形式，但是对于非即时履行、履行期限较长的合同，通常采用书面形式订立。

我国《合同法》[①]规定，当事人订立合同，应当具有相应的民事权利能力和民事行为能力。当事人依法可以委托代理人订立合同。合同的内容由当事人约定，一般包括以下条款：（1）当事人的名称或者姓名和住所；（2）标的；（3）数量；（4）质量；（5）价款或者报酬；（6）履行期限、地点和方式；（7）违约责任；（8）解决争议的方法。《民法典》第四百九十三条规定，当事人采用合同书形式订立合同的，最后签名、盖章或者按指印的地点为合同成立的地点，但是当事人另有约定的除外。由上述规定可知，合同成立除了应当具备必要的条款，还必须由当事人各方签名、盖章或者按指印。本案中，老张依据团购服务协议起诉金木公司，但是老张在签约时并没有注意到协议上没有当事人金木公司的名称，金木公司亦未在合同上盖章确认，而业务员王建不仅没有金木公司的签约授权，其在签字时还注明了其系联桥公司员工。老张在没有与金木公司达成书面协议的情况下即交纳了居间服务费，该疏忽给他之后的维权增加了困难。

[①] 《合同法》现已失效，《民法典》第一百四十三条规定："具备下列条件的民事法律行为有效：（一）行为人具有相应的民事行为能力；（二）意思表示真实；（三）不违反法律、行政法规的强制性规定，不违背公序良俗。"

（二）我国法律有关居间合同的规定

居间合同是居间人向委托人报告订立合同的机会或者提供订立合同的媒介服务，委托人支付报酬的合同；居间人应当就有关订立合同的事项向委托人如实报告；居间人故意隐瞒与订立合同有关的重要事实或者提供虚假情况，损害委托人利益的，不得要求其支付报酬并应当承担损害赔偿责任。

本案中，老张作为委托人得到了居间人提供的享受购房优惠的媒介服务，老张与联桥公司、振邦公司之间建立了事实上的居间合同关系。

（三）购买期房应当注意什么？

商品房交易标的存在现房和期房的不同，现房是指开发商已经取得产权初始登记的房屋，较期房而言，现房交易安全性高，风险较小。但是因房地产开发建设需要大量资金，如果只允许现房销售，开发商将面临巨大而长期的资金压力，不利于活跃房地产市场，我国目前的政策允许销售期房，因此，在商品房交易中，大量的待售房屋都是期房，只能根据样板间去想象开发商将来交付房屋的状态。期房交易在合同履行中存在很多不确定因素，比如开发商是否有权及合规使用土地、是否按照规划建造房屋以及是否有实力将项目完成等。

为避免期房销售中出现的种种问题，我国对商品房预售实行预售许可制度，要求房地产开发企业（以下简称房企）必须提交企业法人营业执照、资质等级证书、国有土地使用证、交清全部土地出让金证明及规划、施工建设审批等手续，申办商品房预售许可证。该制度的出台对规范商品房预售行为，保护购房人的合法利益起到了积极的作用。

但是实际生活中，很多老百姓购买期房时首先着重考虑的是房屋的居住舒适度，往往更关注该商品房的地段、品质、户型、朝向、周边是否便利等，对房屋的交易安全考虑不到位，并未对房企是否具备商品房预售许可证进行了解和审查。这主要是因为我们在生活中购买的货物通常都是现货，所以容易以购买现货的思维习惯考虑期房交易。在现货交易中，因货物已经完整存在，购买人的注意力更多集中在货物本身的优劣上，现货交易过程也较安全，带着这种思维惯性签订商品房预售合同，未充分考虑期房的特殊性、不确定性，以致容易因疏忽埋下隐患。

（四）付款凭证问题

本案中，老张交纳团购服务费后，取得的是联桥公司、振邦公司的POS机签购单，虽然对这两家公司老张一无所知，但是他并未要求业务员向其出具收款人为金木公司的发票，因此导致需起诉这两家公司主张退款，增加了自己维权的难度，而联桥公司亦就签购单收款账户问题提出了异议。一般来说，发票可以被用来作为支付凭证，证明付款事实，且证明力较强，所以付款人为保护自身权益应当要求收款人开具正式发票，避免日后就付款事实产生不必要的争议。

普法提示

（一）购房人购买期房时，应当首先审查该项目的商品房预售许可证

购房人在团购购买期房时，应首先审查房企是否已经取得商品房预售许可证，并注意许可证上的内容是否与楼盘的情况吻合，比如开发商、项目名称是否相同、批准销售的房屋范围中是否包括自己准备购买的房屋、许可证有效期是否届满等。否则，很有可能面临工程烂尾、房屋不能通过竣工验收、交房迟延、无法办证等种种风险。

（二）很多团购看上去优惠，实际陷阱颇多

很多人知道社会上有婚托、酒托、医托，却常常忽视还有房托。有些楼盘销售情况不佳，于是换一个洋气十足的新名字，改头换面，在开盘前造势，找来众多房托，形成热卖抢购场面，不知情的购房人往往被挟带其中，为了

定下心仪的房子，急于签约交款，忽略了对开发商、楼盘的深入了解和审查。曾经有一个参加团购享受了购房优惠的小伙子，和女朋友高高兴兴买完满意的婚房之后，出了售楼处就从周边群众那里了解到开发商没有取得预售许可证，之后开发商虽然退还了购房款，但是团购服务费却索要不回来，原因是他根本找不到为他提供团购服务的那家公司。

正规的房企往往是委托一家销售代理公司帮助其销售房屋，并且根据销售情况向代理公司支付佣金，在这种情况下，购房人不需要支付额外的费用，有时候也能享受到优惠的房屋价格。但是一些不正规的房企为了解决自身资金不足的问题，会请人开办一家中介机构，然后打着该中介机构的名义收取团购服务费，给购房人提供所谓的购房优惠，实际上是假团购，这些服务费都进了房企的腰包，实现了资金套现，其所称的优惠并不是实际上的房价优惠，只是套取现金的诱饵。还有一些房企为了避税，让购房人向自己交纳团购费以享受优惠的房价，而这部分团购费实际上就是其取得的房款，但因为其与购房人签订的房屋买卖合同中不包括这部分价款，因此这部分收益逃避了税收。对购房人而言，因为其另付了团购费，所以合同注明的房价款低于其实际购买价，购房人如需出售该房屋，则需要承担更多的增值税。购房人购买房屋时应当充分了解房企的信誉情况，在进行团购时应当充分了解作为居间人的中介机构的情况，避免需要追索团购费时索要无门，并且注意付款后一定要索取正规发票。遇到房企不规范的操作时一定要提高警惕，因为这表明该企业诚信度存在问题，经营不符合规范，应当对与其签约抱谨慎态度。

（三）上工治未病，不治已病

房产属于老百姓的大宗财产，少则几十万元，多则上千万元，所以无论是签订房屋买卖合同还是签订团购服务合同，均影响着老百姓的切身利益，一次不成功的交易有可能带来几万元甚至几百万元的损失，但是人们总是习惯于在纠纷产生后花钱请律师、支付诉讼费打官司，并不愿意在签约的时候就寻求法律服务人员的专业帮助，哪怕只是付出几百元到一两千元的咨询费。人们在提升自身法律素养的同时，遇到关系切身利益的重要法律问题时应当考虑寻求专业人士的指导和帮助，舍弃一粒芝麻，避免丢掉一个西瓜，这个买卖是值得的，接受他人的指导实际上也是学习知识和充实自己的过程。

（四）提升法律素养，掌握应有的法律常识

依法治国是我国的治国方略，作为中国公民应当提升自己的综合素质，做到懂法、守法，只有这样，才能适应未来法治国家的需要，才能积极保护自己的合法权益，减少社会矛盾，为创建和谐社会贡献一分力量。

第二章

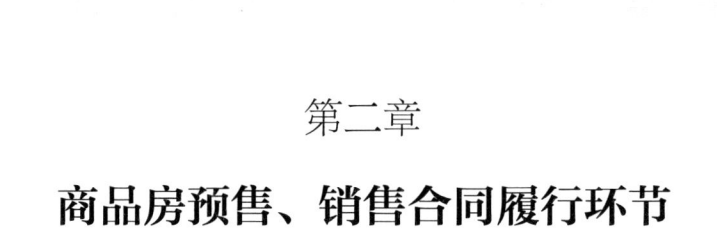

商品房预售、销售合同履行环节

案例一 | 卖房人不同违约情形应承担相应责任

肖大明[①]

案情回顾

（一）案件事实

2015年3月19日，开发商凯兴房地产公司取得预售许可后与恒利商贸公司签订《商品房预售合同》，该合同主要约定：凯兴房地产公司将其所开发建设的某住宅楼底商房屋出售给恒利商贸公司，房屋建筑面积223平方米，销售价格9487506元。房屋交付时间为2016年9月20日，住宅楼产权证办理时间为2016年9月10日，房屋产权证办理时间为2016年10月30日。恒利商贸公司应于房屋产权证办理之前支付办证费用，并提供相关材料，协助凯兴房地产公司办理产权证。恒利商贸公司应于合同签订日交付定金50万元，于2015年4月5日之前支付首付款200万元，于2015年6月5日之前支付房款600万元，其余房款于房屋交付之日起10日内结清。如果凯兴房地产公司逾期交房，凯兴房地产公司承诺将住宅楼地下一层仓储室（20.01平方米）以15万元价格卖给恒利商贸公司；如果凯兴房地产公司逾期办理住宅楼产权证，按日万分之三支付违约金，逾期办理房屋产权证，按日万分之三支付违约金。恒利商贸公司应按约定支付定金及房款，逾期则按日万分之五支付违约金。此外，《商品房预售合同》附件中载明住宅楼前规划为绿地。

合同签订后，恒利商贸公司依约支付了定金50万元，首付款200万元，房款600万元。凯兴房地产公司于2016年10月7日通知恒利商贸公司交房，并于10月9日将已经规划验收的符合约定标准的房屋交付给恒利商贸公司。但是住宅楼产权证和房屋产权证尚未办理。

---

① 北京市第二中级人民法院民事审判第一庭庭长、法官。

2017年1月，凯兴房地产公司将住宅楼楼前经报规划批准的绿地改建为地面停车场，划出车位38个，由凯兴房地产公司指定的前期物业公司凯胜物业管理公司进行出租，该38个车位全部出租给该座住宅楼住户，出租合同租赁期限3年，每个车位每月收取租赁费150元。没有承租车位的部分业主要求凯兴房地产公司按原规划将车位铲平恢复绿地，由于承租到车位的业主反对，凯兴房地产公司未予恢复。由于凯兴房地产公司擅自将原规划绿地改建为车位，规划部门对凯兴房地产公司发出整改通知，房屋登记部门因为该原因未予办理住宅楼产权证和房屋产权证。

2017年3月，恒利商贸公司起诉至法院，要求：1.凯兴房地产公司办理住宅楼产权证和房屋产权证；2.要求凯兴房地产公司支付自合同约定之日起至住宅楼产权证实际办理之日止的违约金；3.要求凯兴房地产公司支付自合同约定之日起至房屋产权证实际办理之日止的违约金；4.恒利商贸公司未承租住宅楼前车位，也不主张承租，要求凯兴房地产公司按规划恢复楼前绿地，由于凯兴房地产公司违约，要求凯兴房地产公司支付违约金10万元。

（二）诉辩经过

恒利商贸公司诉称，公司于2015年3月19日与凯兴房地产公司签订《商品房预售合同》后，完全按合同履行了付款等义务，凯兴房地产公司也应按合同履行，现凯兴房地产公司只是交付了房屋，办理房屋产权证等义务一概没有履行。即使是房屋交付，凯兴房地产公司也属于迟延交房，因此，凯兴房地产公司应当按照起诉要求，为其办理房屋产权证，并且分别承担迟延交房、未办理住宅楼产权证、未办理房屋产权证的违约责任。由于凯兴房地产公司擅自调整规划，将住宅楼前绿地改变为停车场，给没有车位的业主造成了损失，故凯兴房地产公司应向恒利商贸公司支付违约金10万元。

凯兴房地产公司辩称，公司在开发商品房过程中合法经营，诚实守信，积极履行合同。在房屋建设过程中，由于2015年当地雾霾严重（提供了2015年下半年21天当地雾霾天气资料），交通受到限制，影响了施工进度，致使房屋晚交付19天，此种情形属于不可抗力，应予免责；况且，恒利商贸公司在收房时并未对此提出不同意见,故交房迟延应当予以免责。房屋属于依照规划建设,凯兴房地产公司按照合同约定去办理产权证,但政府相关部门认为住宅楼前停车场不符合规划,拒绝了凯兴房地产公司办理产权证的要求,责任在政府相关部门,凯兴房地产公司不应承担恒利商贸公司所要求的住宅楼和房屋产权证办理迟延的违约责任。恒利商贸公司要求办理产权证,公司没有不同意见,但政府相关部门不予办理产权证,因此对恒利商贸公司的请求不应支持。至于住宅楼前绿地改为车位,是公司按照有车位业主的意见所作的调整,而且与恒利商贸公司使用房屋无关,因此也不应承担10万元违约金。总而言之,恒利商贸公司的诉讼请求没有道理,法院应予以驳回。

(三)审理结果

法院认为,凯兴房地产公司与恒利商贸公司签订的《商品房预售合同》系双方真实意思表示,不违背法律法规的效力性强制性规定,系有效合同,双方均应遵照履行。恒利商贸公司依照合同约定支付了定金和房款,凯兴房地产公司也应该按照合同约定履行自己的合同义务。关于恒利商贸公司主张凯兴房地产公司逾期交房一节,合同约定交房日期为2016年9月20日,实际交房日期为10月9日,凯兴房地产公司逾期交房19天,已构成违约。凯兴房地产公司主张因雾霾影响了施工进程,对此应当认为,雾霾对社会经济生活具有影响,但不属于不可抗力,是否影响合同履行应从合同履行的具体情形进行判断。从凯兴房地产公司的主张和证据来看,雾霾对凯兴房地产公司施工进度产生了一定影响,影响时间超出了凯兴房地产公司逾期交房时间,故应对凯兴房地产公司逾期交房违约予以免责。关于恒利商贸公司主张办理住宅楼和房屋产权证一节,符合建筑规划的房屋建成后,双方应当依约办理产权证。现住宅楼符合建筑规划,虽然凯兴房地产公司因为改变住宅楼前绿地规划被要求整改,但不影响住宅楼所属房屋产权证的办理,因此,凯兴房地产公司应在恒利商贸公司配合下为恒利商贸公司办理房屋产权证。由于办理房屋产权证并非必须先行办理住宅楼产权证,故恒利商贸公司要求凯兴房地产公司为其办理房屋产权证的诉讼请求应当得到支持。凯兴房地产公司未依约办理房屋住宅楼及房屋产权证均属违约行为，应承担违约责任，故恒利商贸公司关于要求凯兴房地产公司支付迟延办理住宅楼产权证及房屋产权证违约金的诉讼请求均应得到支持，但是，对该两项违约金重合部分只应计算一项违约金。关于凯兴房地产公司改建住宅楼前绿地为停车场一节，违反规划应当接受政府相关部门行政管理。现住宅楼已有前期物业公司，部分业主已成为住宅楼使用人，是接受规划保持住宅楼前绿地，还是保持地面停车场，需要依法在征询相关业主意见基础上，报政府相关部门决定，本案对此不予处理。但是，凯兴房地产公司与恒利商贸公司签订的《商品房预售合同》附件中载明住宅楼前为绿地，凯兴房地产公司改建为停车场违反了合同约定，系违约行为。合同中未就该项约定违约金，恒利商贸公司可以主张损失。但恒利商贸公司未证明其就此受到的具体损失，故对其该项请求不予支持。

法院据此判决：1.凯兴房地产公司于判决生效后15日内为恒利商贸公司办理房屋产权证；2.凯兴房地产公司于判决生效后15日内向恒利商贸公司支付逾期办理住宅楼产权证违约金（自2016年9月11日至10月30日，按日万分之三计算）；3.凯兴房地产公司于判决生效后15日内向恒利商贸公司支付逾期办理房屋产权证违约金（自2016年10月31日起至产权证办理之日止，按日万分之三计算）；4.驳回恒利商贸公司其他诉讼请求。

法理分析

（一）违约金与违约责任

违约金，是指按照当事人的约定或者法律直接规定，一方当事人因违约而向另一方支付的金钱。违约金的标的物是金钱，但当事人也可以约定违约金的标的物为金钱以外的其他财产。

我国《合同法》第一百零七条（现已失效，相关规定见《民法典》第五百七十七条）规定，当事人一方不履行合同义务或者履行合同义务不符合约定的，应当承担继续履行、采取补救措施或者赔偿损失等违约责任。由法律规定可以看出，承担违约责任的种类通常有继续履行、采取补救措施、停止违约行为、赔偿损失。此外，还有支付违约金及定金等责任形态。

《合同法》第一百一十四条（现已失效，相关规定见《民法典》第五百八十五条）规定了违约金制度。该条第一款规定，当事人可以约定一方违约时应当根据违约情况向对方支付一定数额的违约金，也可以约定因违约产生的损失赔偿额的计算方法。就该条内容与《合同法》第一百零七条内容的关系上，如果当事人约定了违约金条款，则在违约金与法定违约责任的关系上，应当认为当事人就违约责任有特别约定，在此情形下，优先考虑当事人之特别约定，适用违约金条款，无特别约定时，考虑其他法定违约责任。

就本案来讲，恒利商贸公司在合同签订后如约履行了合同义务，而凯兴房地产公司在交房、办理住宅楼产权证、办理房屋产权证及住宅楼前绿地建设上，均存在违约。对于恒利商贸公司的诉请，均应在前述基础上进行处理。

关于凯兴房地产公司逾期交房违约的问题，双方约定了凯兴房地产公司逾期交房的，凯兴房地产公司将住宅楼地下一层仓储室以一定价格卖给恒利商贸公司。约定违约金实质上是为担保主债务履行而设定的从债务，该项约定完全符合担保的构成要件。但是并非所有事先约定的担保现有债务的非金钱给付义务，都可以视为违约金。因为从合同解释来看，如果凯兴房地产公司到期未交付房屋，则交付房屋义务已然消灭。而在违约金场合，违约引发违约金给付义务，并不会消灭凯兴房地产公司到期交付房屋义务。而且，本案双方约定了逾期交房则履行违约条款，也关系到是否可以将该违约约定视作违约金而进行司法调整。基于上述理由，该违约金条款应被视为无效。一旦凯兴房地产公司逾期交房构成违约，不能按此违约条款处理，恒利商贸公司只能依据法律规定主张凯兴房地产公司承担赔偿损失等其他民事责任。

（二）不可抗力与免责事由

本案中，凯兴房地产公司提出了免责事由，这就涉及凯兴房地产公司所提出的不可抗力是否能够成立以及如果不可抗力不成立，凯兴房地产公司是否能够免责的问题。

所谓不可抗力，是指不能预见、不能避免且不能克服的客观情况。近年来，我国部分地区雾霾严重是客观事实，对社会经济生活也产生了一定影响。但是，在不同地区、不同时间，雾霾的轻重不完全相同，而且，雾霾并非突然而至，也随着国家大力治理而逐渐出现减轻的趋势，综合来看是在逐步好转。本案房屋建设过程中，如果说双方对雾霾完全不能预见，不符合双方认知能力，而且雾霾通过治理可以减轻减缓，因此不符合不可抗力构成要件。但就局部地区而言，雾霾的严重程度却也不能一概而论。凯兴房地产公司提供了相应证据，并且证明迟延交房天数少于严重雾霾的天数，雾霾对建设施工产生影响，根据案件的具体情况，应予免责。我国《民法总则》第一百八十条第一款（现《民法典》第一百八十条第一款）规定，因不可抗力不能履行民事义务的，不承担民事责任。因此，法院参照法律规定，从客观实际情况出发，免除凯兴房地产公司逾期交房的违约责任是妥当的。

（三）住宅楼产权证与房屋产权证

关于凯兴房地产公司逾期办理住宅楼产权证和逾期办理房屋产权证问题，凯兴房地产公司未按约定履行义务，属于违反合同约定。我国《物权法》第十五条（现《民法典》第二百一十五条）规定，当事人之间订立有关设立、变更、转让和消灭不动产物权的合同，除法律另有规定或者合同另有约定外，自合同成立时生效；未办理物权登记的，不影响合同效力。第九条（现已失效，相关规定见《民法典》第二百零九条）规定，不动产物权的设立、变更、转让和消灭，经依法登记，发生效力；未经登记，不发生效力，但法律另有规定的除外。依法属于国家所有的自然资源，所有权可以不登记。

我国法律规定不动产物权的取得为"有效合同加履行加变更登记"模式，只有恒利商贸公司办理登记取得了房屋所有权证书，才能取得物权。双方所签订的有效的《商品房预售合同》是恒利商贸公司取得房屋的前提。在这个前提下，双方必须履行合同所约定的义务。凯兴房地产公司未办理房屋产权证，直接导致恒利商贸公司不能取得物权，违反了合同约定，应当承担违约责任，对此，凯兴房地产公司不能免责。

凯兴房地产公司同时未办理住宅楼产权证和房屋产权证，均构成违约。从时间上看，凯兴房地产公司未办理住宅楼产权证的违约期间自2016年9月11日开始，未办理房屋产权证的违约期间自2016年10月31日开始。其中自2016年10月31日至诉讼时是未办理两证违约重叠时间。就办理产权证流程而言，一栋可以办理分户登记的住宅楼，应首先办理初始登记，即办理大产权证，而后可以办理分户登记，即办理小产权证。如前所述，恒利商贸公司只有办理了房屋产权证才能取得物权，因此，恒利商贸公司没有取得房屋物权，实际是由凯兴房地产公司的同一违约行为所致。在此情况下，不宜对同一违约行为导致的住宅楼逾期办理产权证和房屋逾期办理产权证作重复评价，即自2016年10月31日至诉讼时，或者评价凯兴房地产公司初始登记违约行为，或者评价凯兴房地产公司分户登记违约行为。实务中，对该时段的违约评价一般以对分户登记违约行为评价为常见。本案第二项、第三项判决主文即体现了相关要义。

与承担逾期办证违约责任不同的是房屋产权登记本身。经过包括规划验收在内的四方验收并经测绘的房屋可以进行初始登记，其要件为房屋经过四方验收，即房屋本身是合法建设的。在此前提下，也可以进行分户登记。我国《不动产登记暂行条例实施细则》第二十四条第二款规定，未办理不动产首次登记的，不得办理不动产其他类型登记，但法律、行政法规另有规定的除外。首次登记即为初始登记。该条所指的其他类型登记，为变更登记、转移登记、注销登记、更正登记、异议登记、预告登记、查封登记，不包括分户登记。因此，法院判决支持了恒利商贸公司为房屋办理产权证的请求。由于在本案中住宅楼产权证办理对于房屋产权证办理只是流程条件而非必要条件，所以法院判决驳回了恒利商贸公司办理住宅楼产权证的请求，仅支持了恒利商贸公司办理房屋产权证的请求。

关于凯兴房地产公司未按规划进行住宅楼前绿地建设，而建设地面停车场的问题，涉及三个方面：一是违反规划建设地面停车场应由政府行政部门进行处理。二是如果业主对建设绿地还是建设地面停车场有不同选择，是业主行使成员权的问题，应按照《物业管理条例》行使权利，形成意见。如果业主形成的意见符合规划要求，凯兴房地产公司和凯胜公司应恢复绿地，如果业主形成的意见为继续保留地面停车场，仍需政府相关部门的批准，未予批准，建设地面停车场具有非法性，此种意见不应得到支持。三是凯兴房地产公司将住宅楼前原规划的绿地建设成地面停车场，违反了其与恒利商贸公司的合同约定，属于履行合同的违约行为，应当承担违约责任。但双方就此没有约定违约金，正如前文所述，当事人没有违约金特别约定的，应当承担其他形态的违约责任。恒利商贸公司主张凯兴房地产公司承担违约金10万元，因双方没有约定违约金，故不应予以支持。

知识拓展

（一）预售商品房合同的效力

一般有效合同要件为：一是主体合格，当事人应当具备法律规定的缔约资格；二是意思表示真实；三是不违反法律、行政法规或者不损害社会公共利益；四是合同标的确定、可行。但是，我国商品房实行许可制度，《城市房地产管理法》第四十五条规定的商品房预售的条件为已办理预售登记，取得商品房预售许可证明。因此，开发商获得预售许可证是其必须履行的行政法上的强制性义务。国家建设行政主管部门颁发预售许可证应当对其行政行为的合法性负责，对开发商提供的申请进行实质审查，形成实质上的权利瑕疵责任担保，一旦行政行为违法或不当，造成购房人的损失，由行政法律关系调整，不能要求购房人承担过多的本来应当由行政机关承担的审查义务。因此，《最高人民法院关于审理商品房买卖合同纠纷案件适用法律若干问题的解释》第二条规定，出卖人未取得商品房预售许可证明，与买受人订立的商品房预售合同，应当认定无效，但是在起诉前取得商品房预售许可证明的，可以认定有效。据此，本案凯兴房地产公司与恒利商贸公司所签《商品房预售合同》有效。

（二）建设工程规划和建设用地规划

根据我国《城乡规划法》的规定，城市、镇规划区内的建设活动应当符合规划要求，必须取得建设用地规划许可证和建设工程规划许可证。申领建设用地规划许可证是取得土地使用权的前提。规划条件是国有土地使用权出让合同的组成部分，未确定规划条件的地块，不得出让国有土地使用权。因此，规划条件是申领建设用地许可证的必备内容。规划条件一般包括地块内容、用地性质、开发强度（建筑密度、建筑控制高度、容积率、绿地等）、主要交通出入口方位、停车场泊位及其他需配置的基础设施和公共设施指标等。申领建设工程规划许可证是申办开工的必备条件。本案中的绿地不符合规划要求，并不意味着建筑物本身不符合规划要求。由住宅楼已经包括规划验收在内的四方验收可以确认，住宅楼符合建筑规划要求，系合法建设，因此法院判决被告为原告办理房屋产权证是有理有据的。

（三）业主的成员权及公共设备设施

所谓业主的成员权，是建筑物区分所有人（业主）基于一栋建筑物的构造、权利归属和使用上的密切关系而形成的作为建筑物管理团队的一名成员所享有的权利和承担的义务。根据《物业管理条例》第六条第二款第八项的规定，业主对物业共用部位、公用设施设备和相关场地使用情况享有知情权和监督权。第十一条第六项、第七项规定，业主共同决定改建、重建建筑物及其附属设施和有关共有和共用管理权利的其他重大事项。本案业主经过相关程序，可以对住宅楼前绿地与停车场问题在建筑区域建设、完成交付使用后，提出自己的管理意见。但是，建筑区域的设备设施调整改造需要遵守法律规定，因此业主的提议或者意见能否得以实施，还应经过政府相关部门审批，否则，该决议或意见会因为法律强制性规定所规定的边界限制而无法实施。

普法提示

本案属于合同履行纠纷，合同能够履行的前提是合同成立并且有效。商品房预售合同有效，除了具备合同有效的一般要件，还应当符合法律规定的特殊要件。这个特殊要件是，商品房预售应当经过政府相关部门许可，取得商品房预售许可证。购房人在购买预售商品房时，应当注意审查开发商有无商品房预售许可证。

　　房屋买卖是指通过买卖合同获取预售房屋和现房的产权，严格履行合同是实现合同目的的关键。实践中，既有开发商违约情形存在，也有购房人违约情形存在，要按照合同取得房屋产权，购房人本身要树立合同意识，严格依合同履行。对于开发商的违约行为，购房人除依靠法院、仲裁机构维护自己的权益外，还可以依法申请政府相关部门给予行政监督，督促开发商严格履行合同。不论是依靠行政监督，还是依靠司法、仲裁解决纠纷，购房人都应该及时行使权利，以维护好自己的合法权益。

案例二 | **商品房预售合同履行**
——逾期交房违约责任的认定

辛明厚[①]

买房对每个人、每个家庭来说都是一件大事，买受人都希望所购房屋物有所值、称心如意，然而现实生活中，关于房屋买卖的纠纷层出不穷，让买受人不胜其扰。其中，涉及预售商品房交付问题的纠纷众多，出卖人在交易过程中占据强势地位，在交付环节违反合同约定迟延履行、瑕疵交付等情况比比皆是，使买受人权益一而再、再而三遭到侵害；而对买受人来说，无论是交付中的风险防范还是交付后的维权都需要对商品房的交付条件、标准及意义有深刻的认识。本文通过案例对商品房交付过程中出现的问题进行分析，以供借鉴。

案情回顾

2015 年 12 月 13 日，赵亮与乾朝公司签订商品房预售合同，购买北京市商品房一套，房屋总价款为 550 万元，交付日期为 2018 年 1 月 2 日，若乾朝公司逾期交付房屋，则按日计算向赵亮支付全部房价款万分之二的违约金。合同签订后，赵亮向乾朝公司交付购房款 550 万元。2018 年 2 月 23 日，乾朝公司向赵亮邮寄送达《房屋交付通知书》，载明赵亮所购房屋已经具备交付使用条件，通知赵亮于 2018 年 3 月 2 日前办理收房手续。3 月 1 日，办理手续当天，乾朝公司出具了《收房确认书》，要求赵亮签署，该确认书载明：鉴于新房现已具备入住条件，乾朝公司同意将新房交付业主。乾朝公司同意就晚交房另行支付业主 5000 元作为补偿，自交房之日起 3 个月内付清。业主同意办理收房手续，拿到新房钥匙且收到上述补偿费后，商品房预售合

---

① 北京市第二中级人民法院民事审判第一庭法官助理。

同即履行完毕。赵亮拒绝签署该确认书,双方未完成房屋交付。2018年5月31日,乾朝公司再次向赵亮邮寄送达《房屋交付通知书》,通知赵亮于2018年6月2日前办理收房手续。2018年6月1日,赵亮通过银行POS机刷卡方式向乾朝公司交纳产权代办费、公共维修基金、房屋登记费、有线电视初装费及物业费共计91588.35元,赵亮以房屋存在质量问题为由未办理房屋交接手续。后乾朝公司对其提出的质量问题进行了整改,赵亮于2018年11月13日实际入住涉案房屋。

赵亮认为乾朝公司延期交房损害了自己利益,诉至法院要求乾朝公司支付其逾期交房违约金(自2018年1月2日起至实际交付之日止),赵亮表示2018年3月1日的《收房确认书》载明签字后预售合同即履行完毕,乾朝公司无须承担逾期交房违约责任,且该公司表示必须先签署《收房确认书》,否则无法办理后续入住、领取钥匙等收房手续,该确认书是乾朝公司为了免除其逾期交房违约责任而为。乾朝公司第二次交房出示的证明文件不齐全,交付的证明文件未达到法定最低交付标准,而且房屋存在质量问题,所以其拒绝接收房屋,且乾朝公司并未交付房屋钥匙及密码,未完成转移占有,事实上房屋并未完成交付,直至2018年11月13日其才实际入住涉案房屋,所以乾朝公司应当支付逾期交房违约金。

乾朝公司辩称,合同明确约定赵亮应当按通知要求办理收房手续,首次交房过程中,公司要求其签署《收房确认书》具有合同依据,《收房确认书》仅为公司履行交房义务的合理手续及证明,并未限制赵亮权利的行使,相反其拒不协助配合办理收房手续违反了合同法关于附随义务的相关规定。2018年5月31日,公司以EMS方式向赵亮送达了入住通知及交付通知,赵亮签收通知并依据入住通知清单支付了相应的费用。2018年5月31日公司已经向赵亮发放交付通知,但赵亮未依约定签署手续办理流转单,公司不存在违约。关于房屋质量问题,合同未约定质量及装修相关标准,赵亮也未在该房屋交付之日起15日内向乾朝公司提出书面异议,应视为赵亮认可涉案房屋装修装饰达到约定标准。另由于施工过程中受到了天气状况的影响,导致工期有所延长,公司主观上并不存在逾期交房的恶意,所以不存在违约行为,也不存在逾期交房的行为。

法院经审理认为，赵亮与乾朝公司签订的商品房预售合同、补充协议及现房装修协议系双方当事人的真实意思表示，不违反国家法律的强制性规定，属有效合同，双方均应按合同约定履行相关义务。赵亮按合同约定履行了支付购房款的义务，但乾朝公司并未按合同约定时间交付房屋，存在违约，赵亮主张乾朝公司支付逾期交房违约金，该请求符合双方约定和法律规定，法院予以支持。关于乾朝公司应当支付的逾期交房违约金期间的确定，因乾朝公司在首次提出为赵亮办理入住手续时，要求其签署的《收房确认书》内容并无合同和法律依据，导致产生争议，赵亮未能在乾朝公司提出的交付房屋的时间收房，乾朝公司应就此继续承担违约责任。乾朝公司提出第二次交房过程中，赵亮未提交相关证据证明涉案房屋质量问题达到合同约定或法律规定的可以拒收房屋的情形，赵亮可依照合同约定或法律规定要求乾朝公司承担维修、更换、重做或赔偿损失等民事责任，但不能以此作为拒收房屋的理由，应认定乾朝公司已经完成合同约定的交房手续。最后法院判决乾朝公司以购房款为基数按日万分之二的标准支付赵亮自2018年1月3日至6月2日的逾期交房违约金。

法理分析

关于本案，有几个问题需要进一步解释。

（一）为什么首次交房失败的责任由卖方乾朝公司承担？

首次办理交房手续当日，双方因拒绝签署《收房确认书》而产生争议，乾朝公司未交付房屋。为确定上述责任的承担，应从以下方面考虑：

首先，从《收房确认书》的内容看，仅从其名称"收房确认书"的字面意思理解，乾朝公司交付房屋要求业主签订确认书并无不当，但从确认书内容看，其针对的是乾朝公司逾期交房责任的确定而不是对房屋交付内容的规范，该补偿责任的确定与交付房屋之间没有关联性，不具备因果关系，换言之,《收房确认书》名不副实,本质上只是乾朝公司针对前期逾期交房责任的免责条款,与交付房屋无关。

其次,从双方产生争议后乾朝公司的处置结果看,赵亮拒绝在乾朝公司提供的《收房确认书》上签字,乾朝公司即拒绝向其交付房屋,乾朝公司作为交易强势一方,人为地把签订《收房确认书》作为收房的前置条件,直接导致逾期交房结果的延续;乾朝公司要求赵亮签署《收房确认书》是为了免除其违约责任,该行为为赵亮顺利收房设置了不当障碍,所以乾朝公司应对当日未能交付房屋承担责任。

(二)为什么买方赵亮第二次拒绝收房的理由不成立?

赵亮认为第二次交房时乾朝公司未提供或出示合同约定的相关证明文件,未交付钥匙,且房屋存在质量问题,乾朝公司未履行合同约定的交付义务,应当承担逾期交房的违约责任。

首先,根据双方的约定,房屋交付时,赵亮应签署《交付手续办理流转单》,该流转单即为合同约定的房屋交付标志,乾朝公司在赵亮未签署《交付手续办理流转单》的情况下未提供或出示相关文件并无不妥。

其次,乾朝公司取得了《住宅质量保证书》《房屋建筑使用说明书》《房屋面积测算技术报告书》《建设工程(竣工)测量成果报告书》及《北京市房屋建筑和市政基础设施工程竣工验收备案表》等证明文件,足以证明房屋已经竣工验收且经北京市住房和城乡建设委员会备案,不存在严重影响居住使用的功能性质量瑕疵。

最后,出卖人交付的房屋符合合同约定及法定的强制性交付条件和质量标准,买受人以房屋质量存在表面瑕疵为由拒绝接收房屋,并要求出卖人承担逾期交房违约责任的,一般不予支持,但买受人确有证据证明房屋在交付时存在功能性质量瑕疵以致严重影响正常居住使用的除外。买受人接收房屋不影响出卖人对房屋的质量瑕疵承担保修义务。赵亮主张的房屋问题及密码锁问题均属于装修质量问题,而不是房屋主体结构安全质量问题,且未达到影响正常居住使用的程度,不构成房屋交付的障碍。

综上，针对第二次交房，赵亮所持理由均不足以拒绝接收房屋，由此产生的逾期交房责任由其本人承担。

知识拓展

为避开商品房交付存在的陷阱，减少纠纷，切实维护自身合法权益，应当把握以下几个问题。

（一）交房是否等同于"交钥匙"？

根据《最高人民法院关于审理商品房买卖合同纠纷案件适用法律若干问题的解释》第八条第一款的规定，对房屋的转移占有，视为房屋的交付使用，但当事人另有约定的除外。可见商品房的交付以转移占有为标志，而买受人取得了房屋的钥匙就可以对房屋行使占有使用的权利，因此人们常常认为交房实质上即为"交钥匙"，有一定的道理，但这并不是交付的全部内容，而是交付的必要环节。

商品房本质上是一种特殊的商品，出卖人应当保证其对出卖的标的物具有完全的所有权，同时出卖的标的物必须符合法律规定或者合同约定的品质，即出卖人负有瑕疵担保责任。因此在商品房交付过程中买受人还应当对房屋进行查验，这是买受人的权利也是其应该履行的注意义务。对于比较明显的或者已知的质量瑕疵，买受人应该在收房时提出。在取得房屋后发现明显房屋质量瑕疵的，如没有其他特别的规定，出卖人可能不再负责任，由买受人负责维修，因此交付还应当包括对房屋质量进行查验。同时，买受人应当在收房过程中检查房屋是否具备了法定及约定的交付条件，查验房屋相关的证明文件，办理收房手续，缴纳相关费用，因此交房即为"交钥匙"的说法是片面的。

（二）商品房交付的法律意义

根据《最高人民法院关于审理商品房买卖合同纠纷案件适用法律若干问

题的解释》第八条第二款的规定，房屋毁损、灭失的风险，在交付使用前由出卖人承担，交付使用后由买受人承担，但法律另有规定或者当事人另有约定的除外。显然，商品房的风险负担采用交付主义。实际完成交付之日不仅是判断出卖人是否逾期交房的参考，此后房屋毁损、灭失的风险也由买受人承担。除了风险的转移，还会产生以下法律后果：房屋的保修期从交付之日起计算，出卖人承担维修、整改、替换等责任；房屋交付既已完成，出卖人应当积极为买受人办理房屋所有权登记，而房屋交付之日即为办理房产证期限的起算节点；尽管房屋此时未办理所有权登记，但买受人自交付之日起获得业主身份，其享有对共同事务参与管理以及占有并使用房屋的权利，同时也需要履行业主义务，负担物业费、取暖费等。可见，交付作为商品房买卖的重要环节，具有重要的法律意义和现实意义。

（三）商品房交付的条件

合同成立生效后，买受人履行了支付房价款的主要合同义务，出卖人有义务交付符合交付条件的房屋，交付条件包括法定的交付条件以及买卖双方约定的交付条件。

1. 法定条件

《建设工程质量管理条例》第十六条规定，建设工程应当经过设计、施工、工程监理等各方竣工验收合格后方可交付使用。此处的竣工验收合格主要侧重于建设工程质量方面的竣工验收合格，这也是商品房交付的最低标准。

房地产开发经营领域的《城市房地产开发经营管理条例》第三十条第一款规定，商品房交付时应提供住宅质量保证书和住宅使用说明书。商品房说到底还是一种商品，其质量直接影响到居住人员的生命安全和财产安全，该规定明确了出卖人的质量保证义务，根据行政法规的强制性规定，住宅质量保证书和住宅使用说明书是交付的法定条件。

《商品房销售管理办法》第七条规定，商品房现售，应当符合以下条件：供水、供电、供热、燃气、通讯等配套基础设施具备交付使用条件，其他配套基础设施和公共设施具备交付使用条件或者已确定施工进度和交付日期，且物业管理方案已经落实。预售商品房的交付条件亦应满足商品房现售的上述条件。

2. 约定条件

买受人和出卖人在签订合同时应按诚实信用原则协商确定房屋交付条件，但是双方约定的交付条件不得违反法律、行政法规强制性规定，否则视为无效。一般双方约定的交付条件高于法定交付条件，以满足买受人对房屋更高的要求，出卖人交付商品房已达到法定交付条件但未达到约定交付条件，买受人可以要求出卖人承担违约责任。

（四）常见预售商品房交付问题及处理

1. 逾期交付

从商品房预售合同的签订到出卖人交付房屋是一个漫长而复杂的过程，很多因素都会对出卖人如期交付房屋产生影响，比如建设工程遭遇重大施工困难、建设单位资金链断裂以及竣工验收不通过等，出卖人无正当理由逾期交房，买受人可以依据合同约定主张出卖人支付逾期交付房屋违约金。对合同解除权有约定的从约定，没有约定的，买受人可以向出卖人送达交房催告函，出卖人收到催告函之日起，三个月后不交房的，买受人可以行使合同解除权。

2. 瑕疵交付

商品房交付中买受人经常会遇到交付房屋存在质量瑕疵的情况，比较常见的是装修质量问题，双方可以协商解决，由买受人提出整改意见，出卖人进行维修、整改，而后重新进行交付；如果出卖人对买受人的异议不予接受，在其他交房条件符合的情形下，买受人不可据此拒绝接收房屋，但可以保留后续通过诉讼要求出卖人承担保修义务的权利。

3. 交付房屋存在严重质量问题

根据《最高人民法院关于审理商品房买卖合同纠纷案件适用法律若干问题的解释》第九条的规定，因房屋主体结构质量不合格不能交付使用的，房屋主体结构质量关系到居住使用人的生命财产安全，在此情形下买受人有理由拒绝接收房屋。根据第八条第二款的规定，因房屋质量问题严重影响正常居住，买受人可以请求解除合同和赔偿损失。根据举重以明轻的原则，房屋质量问题严重影响正常居住的情况下，出卖人也可以拒绝收房，而无须承担责任，此处所谓严重影响正常居住的质量问题，是指达到不被社会大众所接受、容忍，导致商品房的功能丧失，使买受人合同目的不能实现的程度。

4. 交付流程设置不合理障碍

出卖人在为买受人办理房屋交付手续过程中，有时会在办理交付手续的流程上打主意，让买受人先在收楼文件上签字，然后再发给买受人相关凭证，待买受人凭该证明至物业处领取房屋钥匙，进入房屋后，即使买受人发现质量问题，此时与出卖人的协商也会困难重重，使自己陷入被动的局面。为避免此种情况的发生，买受人应当坚持先对房屋进行查验，后办理相关手续。另外，一些出卖人会在办理交付手续的相关文件中设置陷阱，嵌入不合理或免除己方责任的条款，比如上述案例中，出卖人在《收房确认书》中加入了免除其逾期交房责任的条款，面对类似不合理的约定，买受人完全有理由拒绝收房。

普法提示

买受人相对于出卖人而言缺乏业内知识，往往不了解房地产行情，对房屋建筑材料的质量、性能、成本等也知之甚少，同时缺乏房地产领域专业的法律知识，无论是在合同签订、房屋交付，还是在维修等各环节出现纠纷时，往往都维权艰难，承担交易风险中的更多不利后果。基于此，买受人在购买商品房时应当注意以下几点：

（一）做足功课

知己知彼，方能百战百胜。签订购房合同前，买受人应当了解出卖人运营状况、企业资质以及近几年的口碑，选择合适的出卖人。还需要了解商品房预售开发基本流程、学习相关法律法规知识并查看商品房预售纠纷案例，做房产交易的明白人。同时仔细审查出卖人是否五证齐全,尤其是商品房预售许可证,必要时要亲自到房管部门进行咨询,切忌粗心大意。积极监督预售商品房的开发进程,及时通过公开渠道了解相关情况。

(二)吃透合同

出卖人在商品房预售签约过程中通常使用格式合同,一般合同内容较多,很多买受人在对合同内容尚不清楚的情况下便签字确认,事后发现于己不利的内容,需要征得出卖人的同意才能修改,使自己陷入被动尴尬局面。如有必要可以提前取得合同,仔细审查合同中每一条款的规定,尤其是合同中的格式条款,应当及时要求对方解释。对于房价款支付、房屋交付、办证等重要约定应当重点关注,确保准确无误,没有歧义。部分交易会签署补充协议,以对格式合同进行更改或者补充,买受人应当审慎处理。

(三)擦亮眼睛

交付房屋是商品房买卖的重要环节,买受人千万不能掉以轻心,切莫抱着走过场的心态办理收房,应注意查看相关文件是否齐全,审查其真实性、有效性,尤其是对约定、法定交付条件的审查;办理交付手续过程中,确保对自己签订的每份文件明明白白、清清楚楚,防止出卖人嵌入不合理或免除己方责任条款;仔细查验房屋,对发现的问题做好记录并及时向对方反馈,提出整改意见,对存在争议的地方,注意留存证据,以备后续诉讼。

案例三 商品房预售合同履行
——商品房质量问题的处理

辛明厚[①]

随着房地产行业的发展，关于商品房质量问题的投诉层出不穷，由此引起的纠纷也日益增多，但由于买受人对房地产法律知识不熟悉，维权往往会走弯路，徒增诉累却达不到预期效果。本文通过对商品房质量纠纷案例的分析，介绍商品房质量问题相关知识，供大家借鉴。

案情回顾

杨光购买大庆市商品房一套，后发现冬季取暖期室内温度不达标，多次找到出卖人房安公司及物业公司要求维修，后房安公司怀疑是地热问题，为检修将杨光家中的地砖、墙面等部位破坏，但仍然没有解决问题，后赔偿杨光恢复原状的费用10000元。本案审理期间经杨光申请，法院委托鉴定机构对杨光的房屋进行了鉴定，结论为杨光居住的房屋存在多处透风，特别是卫生间及室内墙面存在透风，以上问题影响房屋保温效果，应当进行维修。杨光支付了鉴定费用9000元。经杨光申请，鉴定机构的鉴定人员出庭接受询问并向法庭提供了补充说明一份，主要说明，要想解决杨光房屋存在的问题，需要建设单位进行整体维修，单独对杨光个人的房屋进行维修无法解决问题，鉴于上述原因，杨光已无法单独对房屋进行维修，法庭释明房安公司在一个月内对杨光的房屋进行维修，但在规定的期限内，房安公司没有履行维修义务。应杨光申请，法院委托评估公司对房屋进行了评估，鉴定意见为：市场价值855172元；装修费用122130.4元。杨光为此支付鉴定费14000元。因杨光通过住房公积金贷款购房，截至2019年2月28日其支付利息

---

① 北京市第二中级人民法院民事审判第一庭法官助理。

19066.01 元。

杨光诉称："装修期间我发现多处质量问题，楼体自身沉降，厨房地面瓷砖呈现横向裂纹，墙体内部空洞，砌块斜向堆放，缝隙没用砂浆加固，墙体窟窿遍布，透风透水，导致冬季室内温度过低。我采取了加厚保温措施，但到冬季室内温度仍只有 4—13℃。房安公司曾委托物业公司重新铺设地热，但效果依然不明显。另外，因为房价上涨，我重置同类房屋需要支付更多价款，甚至要超出鉴定结论的价格，所以增值损失应属于我的直接损失。同时，我为购房向银行贷款并支付利息，该损失也是我的直接损失。综上，我要求解除双方之间的买卖合同，房安公司返还购房款 436647 元，房屋增值损失 418525 元，装修损失 122130.4 元，利息损失 19066.01 元，鉴定费 24000 元，共计 1020368.41 元。"

房安公司辩称："针对杨光提出的质量问题，按逻辑推理和日常经验法则，无法得出严重到影响杨光正常居住使用的程度，不符合解除合同的条件。该楼盘项目经过竣工验收，工程质量核定等级为合格，并且房屋交付时杨光已在接收单上签字确认，说明该住宅工程为合格工程，房屋无质量问题。根据双方合同约定，该房屋门窗保修期为两年，已过保修期，我公司已无保修义务及合同义务，且杨光的装修行为改变了房屋的主体结构。即使该房屋存在透风等问题，也不能因此片面地认定该质量问题是我公司造成，而应通过分析多方面因素进行因果判断。退一步讲，即使法院判决解除合同，如果杨光没有向我公司购买房屋，其是否会购买其他房屋、购买何等价位的房屋均存在不确定性，对前述情况我公司无法预见，可见房屋增值差价并非杨光的可得利益损失，而且双方签订的合同并没有约定房屋增值差价损失，因此杨光要求赔偿差价损失的诉请不应该得到支持。杨光因购房产生的利息，属于杨光为购房而支付的费用及成本，该费用及成本属于杨光为取得房屋增值而支付的对价，因此其主张利息损失属于损失的重复计算。综上，我公司不同意杨光的全部诉讼请求。"

法院审理认为：双方之间的商品房买卖合同系双方真实意思表示，不违反法律的强制性规定，合法有效。房安公司应当按照合同约定向杨光交付符合质量标准的房屋，现房屋经鉴定存在固有的质量问题，导致该房屋冬季室内温度过低，影响了杨光购买房屋最基本的居住目的，根据相关法律规定，交付的房屋存在质量问题的，出卖人应当承担修复责任，出卖人拒绝修复或者在合理期限内拖延修复的，买受人可以自行或者委托他人修复。修复费用及修复期间造成的损失由出卖人承担。由于涉案房屋不适合由杨光自行维修，房安公司在法院规定的期限内亦未履行维修义务，根据法律规定，在房安公司不履行维修义务时杨光享有合同解除权，现杨光提出解除合同没有超过法定期限，故对杨光请求解除买卖合同的请求予以支持。根据《合同法》第九十七条（现已失效，相关规定见《民法典》第五百六十六条第一款）之规定，合同解除后，已经履行的当事人可以要求恢复原状，并有权要求赔偿损失。房安公司应当返还杨光支付的房价款，杨光的装修费用属于已产生的直接损失，房安公司应当予以赔偿。杨光主张的利息损失缺少法律依据，法院不予支持。因涉案房屋的市场价值上涨，杨光重置同一小区、同类房屋需要付出更多价款，该部分价款属于杨光的损失。本案中，杨光因房安公司不履行维修义务而行使合同解除权，法庭亦在审理中向房安公司明确释明，要求其履行维修义务，释明时该小区的房屋市场价值已经上涨，故房安公司不履行维修义务时应当能够预见到会给杨光造成利益损失，因此杨光要求赔偿增值部分的损失符合法律规定，予以支持。

　　法院最终判决：解除双方房屋买卖合同，房安公司返还杨光购房款 436647 元，赔偿杨光房价增值损失 418525 元，赔偿杨光装修损失 122130.4 元；驳回杨光其他诉讼请求，鉴定费用由房安公司负担。

法理分析

　　关于本案，有几个问题需要进一步解释。

　　（一）涉案房屋质量问题的认定

　　根据《最高人民法院关于审理商品房买卖合同纠纷案件适用法律若干问题的解释》第十三条（现第十条）第一款，因房屋质量问题严重影响正常居住使用，买受人请求解除合同和赔偿损失的，应予支持。这里所称严重影响正常居住使用的质量问题并非指房屋主体结构质量问题，但该质量问题对买受人的居住使用构成障碍。涉案房屋地处大庆市，冬天天气寒冷，房屋作为满足买受人居住使用需求的特殊商品，应当足以抵御寒冷，然而涉案房屋即使在采取加厚保温措施、重新铺设地暖的情况下，冬季室内温度也只有4—13℃，根据日常生活经验判断，该质量问题不会被社会大众所接受、容忍，显然买受人的居住使用权利难以实现，即该质量问题严重影响房屋正常居住使用。

（二）买受人行使解除权的依据

根据《合同法》第九十三条、第九十四条（现已失效，相关规定见《民法典》第五百六十二条、第五百六十三条）之规定，合同签订后，可经双方约定解除或经法定程序予以解除。本案中，杨光与房安公司并未在合同中约定合同解除的条件，现杨光要求解除合同，而房安公司不同意解除。涉案房屋出现质量问题后，杨光已与房安公司进行沟通，房安公司也曾对涉案房屋进行维修，但涉案房屋依然存在质量问题。根据本案的鉴定意见及鉴定机构的鉴定人员出庭接受质询时的陈述，房屋存在问题的根源可能存在于整体外墙、屋面、楼梯间等公共区域及管道井等，如对房屋进行维修，需要对"整个系统、外墙保温系统重做，电线及地暖施工系统包括管道系统都需要维修"，要想从根本上修复涉案房屋出现的质量问题，需要建设单位即房安公司进行整体维修，并非杨光个人单方维修可以解决。但经法院释明并给予房安公司一定期限进行维修后，房安公司未进行维修。本案中房安公司作为涉案房屋的出卖人，自房屋出现质量问题后至今，并未采取积极措施消除引起涉案房屋不能居住的障碍，致使杨光购买涉案房屋的合同目的不能实现，故杨光有权行使解除权。

（三）房屋买卖关系解除的后果

根据《合同法》第九十七条（现已失效，相关规定见《民法典》第五百六十六条第一款）的规定，合同解除后，尚未履行的，终止履行；已经履行的，根据履行情况和合同性质，当事人可以要求恢复原状、采取其他补救措施，并有权要求赔偿损失。涉案合同解除后，房安公司应向杨光返还房价款 416647 元。

关于损失的确定，根据《合同法》第一百一十三条第一款（现已失效，相关规定见《民法典》第五百八十四条），当事人一方不履行合同义务或者履行合同义务不符合约定，给对方造成损失的，损失赔偿额应当相当于因违约所造成的损失，包括合同履行后可以获得的利益，但不得超过违反合同一方订立合同时预见到或者应当预见到的因违反合同可能造成的损失。买受人请求赔偿的损失应当客观存在且合理，并且合同的解除与该损失存在因果关系。

关于杨光主张的房屋差价损失，因合同解除后，杨光再行购房确实存在因房屋价格上涨导致的购房成本的增加，故杨光有权要求房安公司进行赔偿，具体金额即按照杨光购房时所支付的购房款与评估的房屋市场价格之间的差额予以确认，即 438525 元（评估机构认定的市场价值 855172 元减杨光的购房价格 416647 元）。杨光主张的装修损失 122130.4 元客观存在，且与该合同的解除存在因果关系，也属于出卖人给其造成的损失。

关于杨光要求房安公司给付其因购买涉案房屋而支出的公积金贷款利息 19066.01 元的主张，该部分费用是杨光为购买涉案房屋而支付的成本，且该成本属于杨光为取得房屋增值部分的合理对价，法院已认定房安公司需向杨光赔偿房屋的增值部分，故杨光主张的利息损失缺乏依据，法院不予支持。

知识拓展

（一）常见的房屋质量问题

1. 地基基础及主体结构质量不合格

根据《建筑法》第六十条第一款的规定，建筑物在合理使用寿命内，必须确保地基基础工程和主体结构的质量。地基，是指支承由基础传递的上部结构负载的土体或岩体。建筑物的基础，是指结构所承受的各种作用传递到地基上的结构组成部分。建筑物的主体结构，是指在建筑中由若干构件连接而成的能起承受作用的平面或空间体系。建筑物的地基基础工程和主体结构工程是建筑工程的重要基础和主体，如果一项建筑工程地基基础工程和主体结构出现质量问题，即使其他部分施工质量再好也难以保证整个建筑工程质量，会危害居住人生命财产安全，产生严重后果。地基基础及主体结构质量问题往往难以判断，一般需要专业鉴定。

2. 严重影响正常居住使用的房屋质量问题

何谓"严重影响正常居住使用"并没有一个准确的评价指标或标准，该质量问题不属于地基基础及主体结构质量不合格，也不是指房屋质量问题通病，但是其不被社会大众所接受、容忍，对人体健康安全或者房屋主要功能的实现产生影响，且经过多次修复仍无法解决。商品房的居住使用价值因存在该质量问题而无法实现，导致买受人的合同目的无法实现。比如上述案例中，虽然经过多方维修，但买受人所购买的房屋室内温度仍然过低，导致冬天不适合居住，此类房屋显然是不被社会大众所接受、容忍的。又如，建筑材料存在质量问题，导致房屋内空气质量不达标，且经过反复治理均无改观，该质量问题会对买受人的健康安全产生影响。类似的情形均属于严重影响居住使用的质量问题。

3. 房屋质量瑕疵

房屋质量瑕疵往往指除地基基础及主体结构质量不合格、严重影响正常居住使用的房屋质量问题以外的轻微的质量问题。其主要集中于屋面防水工程和其他土建工程，以及电气管线、上下水管线的安装工程，供热、供冷系统工程等项目。比如，室内地坪空鼓、开裂、起砂，墙皮、面砖、油漆等饰面脱落，厕所、厨房、盥洗室地面泛水、积水，阳台积水漏水等工程的质量问题，此类质量问题经过维修可以解决。

（二）出卖人的维修义务

《建设工程质量管理条例》（以下简称《条例》）第四十条第一款和第二款规定："在正常使用条件下，建设工程的最低保修期限为：（一）基础设施工程、房屋建筑的地基基础工程和主体结构工程，为设计文件规定的该工程的合理使用年限；（二）屋面防水工程、有防水要求的卫生间、房间和外墙面的防渗漏，为5年；（三）供热与供冷系统，为2个采暖期、供冷期；（四）电气管线、给排水管道、设备安装和装修工程，为2年。其他项目的保修期限由发包方与承包方约定。"

根据《商品住宅实行住宅质量保证书和住宅使用说明书制度的规定》（以下简称《规定》）第五条规定，地基基础和主体结构在合理使用寿命年限内承担保修；正常使用情况下各部位、部件保修内容与保修期：屋面防水3年；墙面、厨房和卫生间地面、地下室、管道渗漏1年；墙面、顶棚抹灰层脱落1年；地面空鼓开裂、大面积起砂1年；门窗翘裂、五金件损坏1年；管道堵塞2个月；供热、供冷系统和设备1个采暖期或供冷期；卫生洁具1年；灯具、电器开关6个月；其他部位、部件的保修期限，由房地产开发企业与用户自行约定。

根据《商品房销售管理办法》（以下简称《办法》）第三十三条第一款、第二款和第四款的规定，房地产开发企业应当对所售商品房承担质量保修责任。当事人应当在合同中就保修范围、保修期限、保修责任等内容做出约定。保修期从交付之日起计算。商品住宅的保修期限不得低于建设工程承包单位向建设单位出具的质量保修书约定保修期的存续期；存续期少于《规定》中确定的最低保修期限的，保修期不得低于《规定》中确定的最低保修期限。在保修期限内发生的属于保修范围的质量问题，房地产开发企业应当履行保修义务，并对造成的损失承担赔偿责任。因不可抗力或者使用不当造成的损坏，房地产开发企业不承担责任。

《条例》第四十条规定的是建筑工程承包单位向建设单位承担维修责任，而《办法》第三十三条规定的是出卖人向买受人承担的维修义务。《条例》与《规定》虽然均规定了建设工程、商品房各部分的最低保修年限，但买受人与出卖人在保修期高于最低保修期限的基础上可以就相关保修年限以及内容进行自由约定。

（三）对商品房质量问题的处理

商品房交付使用后，买受人认为主体结构质量不合格的，可以向工程质量监督单位申请重新核验，经核验，确属主体结构质量不合格的，买受人有权退房，给买受人造成损失的，出卖人应当依法承担赔偿责任；因房屋质量问题严重影响正常居住使用，造成买受人合同目的无法实现的，买受人有权解除合同并要求出卖人赔偿损失。损失赔偿额应相当于因违约所造成的损失，包括合同履行后可以获得的利益，这里一般指因房屋价格上涨产生的房屋差价损失，但不得超过违反合同一方订立合同时预见到或者应当预见到的因违反合同可能造成的损失；对房屋质量瑕疵，在保修期内，买受人可以要求出卖人修复，或者在给予出卖人一定的修复时间后仍不予修复的情形下，买受人可以自行或者委托他人修复。修复费用及修复期间造成的其他损失，由出卖人承担。如果超过保修期，则购房人只能自己承担维修责任。

普法提示

（一）把好签约关

商品房买卖合同是明确买卖双方当事人权利义务的主要依据，也是日后发生纠纷时解决争端的凭证。买受人在签订合同过程中一定要仔细阅读合同条款，弄清含义，尤其是对商品房质量问题处理的约定，有的出卖人提供的合同中对该部分内容没有约定或者约定不明确，买受人如果对合同中的处理方式不满意，应当签订具体的补充协议另行约定，为日后房屋质量纠纷的解决提供依据。

（二）注意保存证据

买受人要保存好购房合同、住宅使用说明书、住宅质量保证书等购房相关的文件，这些是买受人要求出卖人承担房屋维修义务的凭证。另外在房屋出现质量问题后买受人应当具有证据意识，通过拍照、录像、公证、第三方评估公司评估损失及委托有关鉴定部门鉴定等方式保存和完善证据。比如，买受人应尽量采取书面的形式向出卖人提出维修的要求，并保存好出卖人的回执、邮寄底单以及与维修人员的微信沟通记录等证据。

（三）用好住宅质量保证书

住宅质量保证书作为出卖人交付房屋必须提交的文件，对保修项目和期限等内容作了明确约定，一般来讲，出卖人为了少承担责任，对买受人承诺的保修期一般只比建筑商承诺给自己的期限稍微延长。但这里需要强调的是，买受人应当确认房屋的保修期要长于法定的最低期限，而且该保修期是可以与出卖人协商约定的，买受人可以根据房屋的实际情况与出卖人重新商定内容，从而使自己的权利得到良好的保障。

案例四 关注合同中的"其他"
——《商品房预售合同》履行中的其他设施交付问题

刘丽杰[①]

在《商品房预售合同》条款中，包括买卖双方特别关注的标的房屋基本信息，其中有房屋价款数额及支付、房屋交付、产权证办理等内容，除此之外还有一个容易被购买人忽视，而近年来又引起颇多诉讼的配套设施交付问题。实际履行过程中因配套设施涉及的类型较多，产生的问题也比较复杂，亦多发生维权成本较高但所获赔偿甚微的情况，本文就主要着眼于这一基础设施中"其他设施"的交付问题展开论述。

案情回顾

（一）乔迁之喜引起的诉讼

成果先生心里美滋滋的，因为他从幸福房地产开发公司购买的房屋马上就要交房了，虽然等待了两年多的时间，但即将拥有一套属于自己的房屋还是让成果喜形于色。收房当日非常顺利，新房子宽敞明亮，水、电畅通，成果痛快地在收房单上签字确认并领取了新房钥匙。虽然是精装修房屋，但成果并没有像其他邻居一样着急搬家，而是先陆陆续续购置家具、生活物品。这几个月中，成果进进出出时经常发现新邻居们面露怒容，三五成群地在楼道或门厅聚集，凑上去一听犯了蒙。邻居们提出了一个成果原来从没想过的问题，幸福房地产公司交付的市政基础设施和其他设施是否符合合同约定。回家后，成果迫不及待地打开《北京市商品房预售合同（住宅类）》翻找着，在合同尾部的第十三条出现了相关的条款，房屋交

---

① 北京市第二中级人民法院民事审判第一庭法官。

付除符合房屋质量条件等外，出卖人同时承诺市政基础设施和其他设施达到相应条件，具体内容为："1.市政基础设施：（1）上水、下水于商品房交付时达到使用条件；（2）市政双路供电于商品房交付时达到使用条件；（3）供暖于商品房交付时达到使用条件；（4）燃气于商品房交付时达到使用条件；（5）电视通信线于商品房交付时敷设到户；（6）有线电视线于商品房交付时敷设到户。如果在约定期限内未达到条件，双方同意由出卖人采取其他方式保证买受人之正常生活使用，使用过程中产生的能源消耗费用按照支付有关部门规定的标准计算，由出卖人承担。2.其他设施：（1）公共绿地于商品房交付时达到使用条件；（2）小区非市政道路于商品房交付时达到使用条件；（3）公共停车场于商品房交付时达到使用条件；（4）购物中心于商品房交付时达到使用条件；（5）体育设施于商品房交付时达到使用条件；（6）配套生活垃圾分类设施共6处，于商品房交付时达到使用条件。"成果看后愣住了，虽然自己并未入住，但也发现了一些显而易见的问题，其中燃气尚未开通，小区内道路还有施工，购物中心没有营业，体育设施和垃圾分类设施具体数量和位置均不明确。怎么办？群策群力，愤怒的业主们商量后，共同聘请律师与幸福房地产公司进行交涉，双方协商不成，成果等业主纷纷向法院提起诉讼。

（二）审理过程

成果等业主诉称，幸福房地产公司违反《北京市商品房预售合同（住宅类）》第十三条约定，小区的市政基础设施和其他设施均没有达到合同约定的交付条件，要求幸福房地产公司支付相应违约金（以购房款为依据，按合同约定的日万分之三为标准，各业主主张10万—20万元）。

幸福房地产公司辩称，公司按照合同约定的时间向各业主交付房屋，同时市政基础设施及其他设施亦均已达到合同约定的标准或已经采取符合合同约定的补救措施，故不存在违约情形，不同意成果等业主要求支付违约金的诉讼请求。另外，即使法院认定公司有违约情形，因业主主张的违约金过分高于其损失，也应予降低。

法院就市政基础设施的交付问题向供水、供电等部门核实了该小区的具体情况，查明燃气确实没有及时开通的事实，但同时查明幸福房地产公司为解决燃气不通给业主造成的不便，已经向每户业主提供电磁炉并负担相应电费，该事实亦已经记载于《收房通知单》中，且燃气开通已在法院审理期间完成。综上，法院认为幸福房地产公司向业主交付的市政基础设施中水、电、暖和有线电视等已经符合合同约定，其中燃气确没有在房屋交付时一并开通，但因幸福房地产公司采用向业主提供电磁炉用于替代且负担电费的行为，符合双方合同中"如果在约定期限内未达到条件，双方同意由出卖人采取其他方式保证买受人之正常生活使用，使用过程中产生的能源消耗费用按照支付有关部门规定的标准计算，由出卖人承担"的约定，故对成果等业主要求幸福房地产公司承担该项违约责任的诉讼请求不予支持。

关于其他设施部分，双方主要争议焦点集中在小区道路未完工，购物中心未开业，体育设施、垃圾处理设施不符合合同约定这几项内容上。法院为查明事实对小区现场进行了勘验，勘验中发现：1.关于小区道路问题，小区北广场局部确有围挡施工现象，但不影响小区道路的整体通行使用；2.购物中心一项，因合同对购物中心的使用条件没有作出具体约定，现双方对"使用条件"存在不同理解，业主一方认为至少应达到商家入驻经营之标准，而幸福房地产公司认为购物中心已经建成，并通水通电，商家入驻后可个性装修经营，即为满足使用条件，法院认为"使用条件"与实际使用并非同一概念，在合同没有约定的情况下，幸福房地产公司之意见符合一般商业之惯例做法，该购物中心现尚无商家入驻，法院认为这一情形虽与小区业主的要求有一定差异，但不能以该情形即认定幸福房地产公司在交付该设施时存在违约行为；3.体育设施一项，合同中对于体育设施的定义、坐落及设立标准等均没有约定，幸福房地产公司指出其在商业楼二楼平台建有健身器材若干，并在室内建有健身房，已经履行了该项合同义务，故法院在没有合同约定标准的情况下，难以认定幸福房地产公司对此违约；4.关于配套生活垃圾分类设施共6处的问题，合同对"生活垃圾分类设施"的标准、坐落、规模等均没有约定，双方对此存在不同意见，幸福房地产公司表示在6个单元设置垃圾桶并进行垃圾分类处理即为合同约定之 6 处处理设施，而各业主则表示法院勘验时发现在地下室有一垃圾分类处理场所，并认可该场所为一处垃圾分类处理设施，据此主张依据合同约定尚欠缺 5 处，法院认为由于合同约定不明，现无法判断"配套生活垃圾分类设施共 6 处"具体所指是何设施，但法院从利于合同履行及实现双方当事人之合同目的考虑，认为该约定旨在保证小区生活垃圾的正常处理，而非对设施数量之限定，故在幸福房地产公司设置之垃圾处理设施可以保证该小区生活垃圾正常处理的情况下，合同约定之数量不应作为房屋是否具备交付条件的衡量标准。

法院认为，成果等各业主购买之房屋本身具备交付使用的条件，但其他设施不完全符合合同约定的交付条件，幸福房地产公司对此应承担相应违约责任，成果等业主要求幸福房地产公司给付逾期交房违约金有合同和法律依据，违约金的具体数额应结合幸福房地产公司的违约事实及因此给各业主造成之损失综合予以确定，依据前述事实可知，幸福房地产公司的违约情形显著轻微，故采纳幸福房地产公司要求酌减违约金的意见调低违约金数额，判决该公司适当赔偿各业主违约金（1 万—3 万元）。

法理分析

（一）合同纠纷类案件，守约方主张违约责任的法律依据

《民法典》第五百七十七条规定，当事人一方不履行合同义务或者履行合同义务不符合约定的，应当承担继续履行、采取补救措施或者赔偿损失等违约责任。该条文字面意思简单，一方当事人因另一方履行合同义务存在违约行为，可以主张相应的赔偿等违约责任。成果等业主也是基于此法律规定提起诉讼。以上条文本身比较好理解，在此也就不再过多解释，本案的关键在于下述两条法律规定的适用问题。

（二）合同约定不明的法律适用问题

上述案件中，双方当事人主要争议事实集中在其他设施中的购物中心、

体育设施是否具备使用、交付条件的问题上,"使用、交付条件"在合同中并没有约定、争执不下的,法院依据什么作出判断呢?

为了说明这个问题,首先,梳理案件事实。根据法院查明的情况,购物中心已经建成,通水通电,而幸福房地产公司作为房地产开发企业,在不选择自营商业的情况下会通过招租等手段实现购物中心的经营,商户承租后即可入驻经营,但由于各商户对经营场所设置要求不一,对品牌或产品的宣传形式要求不一,按照商业惯例在实际经营前均会选择对经营场所进行个性化装修。另一个事实是小区目前在商业楼二楼平台建有体育设施若干,在商业楼一层建有付费健身房。

其次,寻找法律规定。《民法典》第五百一十条规定,合同生效后,当事人就质量、价款或者报酬、履行地点等内容没有约定或者约定不明确的,可以协议补充;不能达成补充协议的,按照合同相关条款或者交易习惯确定。第五百一十一条规定:"当事人就有关合同内容约定不明确,依照前条规定仍不能确定的,适用下列规定:(一)质量要求不明确的,按照强制性国家标准履行;没有强制性国家标准的,按照推荐性国家标准履行;没有推荐性国家标准的,按照行业标准履行;没有国家标准、行业标准的,按照通常标准或者符合合同目的的特定标准履行。(二)价款或者报酬不明确的,按照订立合同时履行地的市场价格履行;依法应当执行政府定价或者政府指导价的,依照规定履行。(三)履行地点不明确,给付货币的,在接受货币一方所在地履行;交付不动产的,在不动产所在地履行;其他标的,在履行义务一方所在地履行。(四)履行期限不明确的,债务人可以随时履行,债权人也可以随时请求履行,但是应当给对方必要的准备时间。(五)履行方式不明确的,按照有利于实现合同目的的方式履行。(六)履行费用的负担不明确的,由履行义务一方负担;因债权人原因增加的履行费用,由债权人负担。"

最后,依据上述事实和法律规定进行分析。在判断购物中心的使用条件问题上,没有合同依据,而依据商业惯例,出租经营的承租人有对经营场所精细化装修的权利和需求,故幸福房地产公司主张其将购物中心用房建设完成并通水通电后,即履行了合同约定的"达到使用条件"的答辩意见,符合商业操作的惯例，其关于已经履行该项合同义务的主张符合上述（《民法典》第五百一十一条第五项）法律规定。当然该购物中心的招租是否正常进行及何时可以实现开业经营，不是本案涉及的问题，在此不予讨论。而该案在判断体育设施交付问题上更有难处，一则没有合同依据，二则没有法律依据，上述法律规定虽几乎涵盖了合同约定不明情况下的各种认定原则，但对本案争议的体育设施问题还是难以衡量，事实上幸福房地产公司确实建成了两部分体育运动设施，但一部分建在二楼平台，面积较小，位置也不如设置在小区路边那样方便业主使用，另一部分业主必须在支付费用后方可实现使用，但从合同本身表述"达到使用条件"而言，在已经具备该设施的情况下，即不能据此认定幸福房地产公司在交付该项设施上存在违约。

（三）违约金调整的适用

上述案件处理过程中还涉及一个违约金数额的确定问题，我们可以看到当事人主张的数额都较高，而法院判决时都大幅度予以酌减，依据何在？

《民法典》第五百八十五条第一款和第二款规定："当事人可以约定一方违约时应当根据违约情况向对方支付一定数额的违约金，也可以约定因违约产生的损失赔偿额的计算方法。约定的违约金低于造成的损失的，人民法院或者仲裁机构可以根据当事人的请求予以增加；约定的违约金过分高于造成的损失的，人民法院或者仲裁机构可以根据当事人的请求予以适当减少。"

具体到本案中，首先，幸福房地产公司主张成果等业主依据合同约定的标准要求的违约金过分高于造成的损失，并请求法院予以酌减。其次，根据已经查明的事实，虽然幸福房地产公司向各业主交付房屋时的垃圾处理设施数量与合同约定不一，对该违约行为应承担违约责任，但在该违约行为给业主造成的损失衡量上，法院考虑到垃圾处理设施旨在保证小区生活垃圾的正常处理，而该设施能保证处理效果，在此前提下，设施数量不应成为合同履行的障碍。据此，幸福房地产公司在其他设施交付问题上虽未完全符合合同约定的条件，应承担违约责任，但违约情形显著轻微，且并未给成果等业主造成实质损失，故应采纳幸福房地产公司的意见，调低违约金数额。

知识拓展

近年来因商品房预售合同履行中市政基础设施及其他设施的交付问题引发的案件屡见不鲜，审理过程中亦多存在合同约定不明、违约责任难以界定或履行过程中的变更等情况。因此引起的诉讼涉及的情况五花八门，这其中还要区分市政基础设施和其他设施。

首先是市政基础设施部分，其中水、电、暖、燃气是商品房交付并具备使用功能的基础，也是房地产开发企业在筹建楼宇开发之初即着手报批建设的重要部分，在实践中开发商基本上都可以履行该部分合同义务，容易出现问题的地方可能会有像上述案例中的天然气开通延期现象，或多发生的市政水、电不能连通而长期使用临时水、电的问题，在这些情况引起的纠纷中，开发商毫无疑问地均会承担违约责任，在违约责任的衡量上，业主的损失也相对容易确认，即使产生诉讼，也属于法律关系明确、案情简单并可以尽快处理的案件。

市政基础设施中的绿地问题也是一个容易产生纠纷的矛盾点。曾有这样一个案例，业主认为开发商建成的绿地比例少于预售合同中约定17%的标准，故起诉要求开发商交付绿地。法院审理后判决驳回业主一方的诉讼请求。原因是什么呢？绿地百分比在实际审理中并非一个简单的测量计算问题，而是涉及行政主管部门验收的行政审查权力。经查，开发商在报批的规划手续中载明的绿地面积和其与业主在预售合同约定的17%一致，该小区完工后，建筑及相关附属设施也均已经过规划验收。公共绿地是否达到使用条件，应以规划行政主管部门验收合格与否为准，故法院据此驳回了业主一方的诉讼请求。

以上市政基础设施部分因为涉及行政机关的验收问题，在实践中处理起来还是比较简单的，也容易分清责任，但也正因为涉及行政机关的审批、验收问题，个人一方当事人取证困难，就像成果一案中，法院为查明这部分内容，曾分别向水、电、燃气等各部门进行了调查，取得了相关材料，才能完全厘清这些问题。

相对于市政基础设施的交付问题，其他设施的交付更为复杂。所谓其他设施，就是买卖双方在合同中约定的非市政基础设施的、个性化的全部设施设备的总称，像上述案例中的购物中心、体育设施、垃圾处理设施、小区道路都属于这一类，还有会所、游泳池、楼宇自控设备及消防报警设施等。

下面举几个小案例帮助大家直观理解。

案例一，退休老人王休闲夫妇，为舒适惬意地度过晚年生活，看中了夕阳红房地产公司售楼宣传中提到的"业主专属温泉"一项，并在综合考虑了房屋的坐落、户型、价格等因素后，果断出手购买该公司预售商品房一套。预售合同中明确约定房屋交付时温泉达到使用条件。然而，王休闲夫妇在收房后却迟迟没有等来在家门口泡温泉的休闲生活，几经催促无果后向法院提起诉讼。王休闲夫妇要求夕阳红公司开通小区温泉并赔偿违约金。法院最终判决夕阳红公司赔偿违约金，但驳回其要求开通温泉的诉讼请求。温泉没有达到使用条件，夕阳红公司已经构成违约，应承担违约责任，对王休闲夫妇要求该公司给付违约金的诉讼请求应予支持。那么既然夕阳红公司违约事实存在，为什么不能判决其继续履行开通温泉的义务呢？因为合同中虽有温泉达到使用条件的约定，但对"温泉"的标准没有确定，什么样的水是温泉，设置在什么位置、面积、规模等均不具体，且这样的耗水公共设施涉及节能环保评估、卫生检疫等一系列行政审批问题，故开通温泉的诉讼请求法院难以判决实际履行。

案例二，李惜弱女士通过预售方式向安全房地产公司购买商品房一套，在接收房屋使用一段时间后产生了疑问，安全房地产公司在预售合同中约定应向其交付的"其他设施"中有"楼宇自控设备及消防报警设施"一项，自己的房屋中怎么没有这样的装置啊？一定是被无良开发商欺骗了！因此，李惜弱决定起诉安全房地产公司。诉讼中，安全房地产公司辩称已经为李惜弱提供相应设施，不存在违约行为。双方所述事实相反，为查明情况法院进行了勘验，现场可以看到李惜弱房屋进门口墙壁上有门禁装置，可与该楼道门口的门禁设施实现对讲并开启楼道安全门，在李惜弱房屋厨房安装有烟感报警器。安全房地产公司表示上述门禁装置和报警器即为合同约定之"楼宇自控设备及消防报警设施"，而李惜弱则主张，楼宇自控设备应包含门禁系统、中央空调监控及计量计费系统、消防报警及火灾控制系统、停车场自动管理系统等，消防报警设施应该至少包含烟感和灭火喷淋设施等。法院审理后判决驳回李惜弱的全部诉讼请求。原因是什么呢？首先双方当事人签订的预售合同中对"楼宇自控设备及消防报警设施"的标准没有约定，其次李惜弱所购房屋为普通商品房，价格在同地段同档次房屋中居中，如按其主张的"楼宇自控设备及消防报警设施"之标准安装，则安装费用昂贵，且该类设备仅多见于高档住宅及宾馆、商场中，并非普通住宅房屋之标配。所以，法院难以依据李惜弱之主张认定安全房地产公司存在违约行为，遂判决驳回其诉讼请求。

从本章提到的多个案例可以看出，在《商品房预售合同》履行过程中因基础设施和其他设施的交付引起的纠纷，产生原因比较复杂，难以以一句房地产开发企业无良或购房人过于苛刻即得出结论。而除了以上的情况，还存在履行过程中由于其他原因导致的变更问题。在此也举个案例予以说明。

案例三，钱多多先生多年来投资经营积累财富丰厚，在运作下一步的投资计划时，看中了金鑫房地产公司开发的位于南城的一处商业楼房，并果断斥巨资买下其中的66套房屋。两年后钱多多接收房屋，但因经济环境原因，商铺的出租情况并不理想，他每每立于窗前看着楼下光秃秃的停车场，总是叹息不止。忽然一个疑问蹦了出来，都是停车场，绿地呢？找来合同一看，钱多多怒从中来，合同中有金鑫房地产公司保证绿地达到设计要求的约定，绿地哪儿去了？钱多多一纸诉状将金鑫房地产公司诉至法院，法院审理后裁定驳回其起诉。法院审理查明，金鑫房地产公司已经向有关部门履行完毕建设代征绿地手续，并向物业管理单位移交合同载明的绿地。该楼宇的物业管理单位出具证明，应三分之二以上业主申请将绿地改为停车场。钱多多个人虽购买房屋66套，但物业面积尚不足该商业楼房的十分之一，而其诉讼请求是涉及其本人及其他购房人共有以及共同管理权利的重大事项，该事项应当由符合法律规定数量的购房人共同决定，并通过业主大会或业主委员会提出。钱多多作为购房人之一，在未经多数购房人授权的情况下，以个人名义提起诉讼不符合民事诉讼起诉的条件，故驳回其诉讼请求。

普法提示

本案例讨论的是《商品房预售合同》履行问题，那什么房屋可以预售呢？《城市房地产管理法》第四十五条规定："商品房预售，应当符合下列条件：（一）已交付全部土地使用权出让金，取得土地使用权证书；（二）持有建设工程规划许可证；（三）按提供预售的商品房计算，投入开发建设的资金达到工程建设总投资的百分之二十五以上，并已经确定施工进度和竣工交付日期；（四）向县级以上人民政府房产管理部门办理预售登记，取得商品房预售许可证明。商品房预售人应当按照国家有关规定将预售合同报县级以上人民政府房产管理部门和土地管理部门登记备案。商品房预售所得款项，必须用于有关的工程建设。"

《商品房预售合同》就是房地产开发企业在商品房尚未竣工交付使用，但已经满足上述条件的情况下，与购房人签订的房屋买卖合同。这类房屋买卖合同在商品房销售中非常常见，但因该合同本身签订是在标的房屋及小区设施尚未建成的情况下，购房人难以直观全面地感受其购置的房屋和整体生活环境，容易在实际收房后产生纠纷。在这个过程中，无论是被唾骂的"无良开发商"或者是被鄙夷的"刺儿头业主"，都可能成为这些案件产生的推动力。我们在分析纠纷具体成因的同时，做如下针对性的提示。

（一）商品房开发企业在房屋销售过程中应增强主体责任意识

商品房开发企业作为经济主体，以付出投资并追求最大收益为目的，逐利是其社会属性。但随着房地产经济发展的日益成熟，诸多投资乱象已经淡出人们的视线。不规范的、原始积累式的盈利模式注定被时代淘汰，被必然良性向前的经济规律抛弃。长远来看，总是那些注重房屋品质和企业文化，虽运作资本但仅取合理利润，诚信经营的商品房开发企业，才能逐步做强做大。

商品房开发企业是商品房项目的建设者，从项目立项到销售，是全局的掌控者，其在这个过程中应增强市场主体意识，为企业谋利益的同时也要为企业的持续健康成长谋深远，销售房屋，同时也是为一方百姓的幸福生活奠基，应该互利共赢。企业应该增强主体责任观念，诚信经营，提高购房人和潜在购房人对企业信誉的满意度和忠诚度，在日趋激烈的竞争中更好地开拓市场，实现企业经济效益的平稳、健康和可持续性增长，才能赢得更为长久的发展壮大。

（二）购房人应增强契约意识

毋庸置疑，房屋已经成为现代城市家庭最关注的商品之一。但也正因为如此，在购置房屋时，购房人容易把注意力集中在房屋本身上，房子的坐落、面积、朝向、价格都反复思量，几经考量后才会确定，而对于和房屋相关联的其他合同条款却疏于关注，甚至是不予关注，法院在审理这类案件时，经常听到购房人委屈地说"签合同的时候没看啊，不知道有这个约定呀"，真是让人无言以对。

那么《商品房预售合同》的条款应该有哪些呢？2001年6月起实施的《商品房销售管理办法》第十六条规定，商品房销售时，房地产开发企业和买受人应当订立书面商品房买卖合同。商品房买卖合同应当明确以下主要内容：（1）当事人名称或者姓名和住所；（2）商品房基本状况；（3）商品房的销售方式；（4）商品房价款的确定方式及总价款、付款方式、付款时间；（5）交付使用条件及日期；（6）装饰、设备标准承诺；（7）供水、供电、供热、燃气、通讯、道路、绿化等配套基础设施和公共设施的交付承诺和有关权益、责任；（8）公共配套建筑的产权归属；（9）面积差异的处理方式；（10）办理产权登记的有关事宜；（11）解决争议的方法；（12）违约责任；（13）双方约定的其他事项。我们可以看到，其他设施虽不是其中的重点，但也是必不可少的一项，也需要购房人慎重审查确认。主管部门之所以以列举方式出台相应规章，就是为了能规范房屋销售行为，也让买卖双方都能从以上各项出发，考量所有与房屋买卖有关的因素。

据此，购房人要增强契约意识，认识到购房合同是把尺子，可以衡量出所购房屋的方方面面，要重视每一条款的约定。成果和幸福房地产公司一案中，购物中心的"使用"条件、"体育设施"的位置、规模；王休闲夫妇与夕阳红房地产公司一案中，"温泉"的标准、使用条件、开通温泉除建设问题是否还涉及其他行政审批手续问题……这些都需要购房人在签约前仔细琢磨，多想一想，多问几句，同时也不要轻信售楼人员的口头承诺，应该就关心的问题在合同中单独予以注明。

合同条款平等保护买卖双方，买房人要尊重契约，更要善用契约，仔仔细细签订合同，才能在收房后开开心心生活。

（三）出现纠纷要理智处理，留存证据，合理制定维权目标

签订购房合同是为了规范买卖双方的权利义务，但难以据此彻底避免纠纷的出现。如确实因交付问题产生纠纷，买房人往往因为已经支付了购房款，又没有实现"安居"目的而过于愤怒，维权过程中不理智行为频出，不仅不利于纠纷的解决，还可能影响之后双方在房产证办理、与物业公司相处等问题上的合作。

那么出现纠纷该怎么办呢？首先要理智，认真研读合同，将相关条款特别标注出来仔细分析，自己的权利内容是什么，义务内容是什么，如对方违约，则合同中有没有违约条款，违约责任如何承担？前述王休闲夫妇与夕阳红房地产公司一案中，王休闲夫妇发现"温泉"没有开通后，第一时间拿出了合同，合同上明确写着"温泉在房屋交付时达到使用条件"，据此可以判断夕阳红房地产公司违反合同约定。那么，应该主张多少赔偿呢？还要根据合同"任何一方违反本合同约定的，应向守约方支付合同总价款百分之一的违约金"的约定，这样王休闲夫妇就非常明白自己是否可以维权，维权所得是多少了，在与夕阳红房地产公司进行交涉时可以有的放矢，交涉未果亦可以及时起诉。

其次，要留存证据，对于这类案件，合同、基层组织（居委会等）证明、现场照片、证人证言等可以证明合同权利义务和损失情况的材料都是证据，

要有意识收集备用，在现场可能被破坏或难以保存的情况下，要及时通过公证方式保全证据。

  以上的两个步骤是实现维权利益的保证，但制定维权目标才是最为关键的一环，这个目标必须有合同及法律依据并数额合理，只有这样的目标才是实现权利的前提，否则反而会浪费人力物力，得不偿失。如成果与幸福房地产公司一案，虽幸福房地产公司没有完成合同约定的垃圾处理设施建设，但业主对该小区垃圾能够正常处理的事实成果没有予以考虑，仍按照合同约定的较高比例主张违约金，法院肯定难以支持。又如李惜弱与安全房地产公司一案，李惜弱没有理性注意到所购房屋的实际情况，以多见于高档住宅及宾馆、商场中且安装费用昂贵的设备标准来定义其所购普通房屋设施，显然无法得到法院的支持，都白白损失了诉讼成本（律师费、诉讼费用等）。

  希望通过以上这些案例和浅显的分析，提醒广大购房者，在签订《商品房预售合同》时，认识到其中关于"其他设施"约定的重要性，避免因约定不明或认识不清而产生的纠纷。但同时，如纠纷产生不可避免，大家也无须过于焦虑，要正确解读合同条款，依法理智维权。

案例五　**过户前商品房被开发商的债权人申请法院查封了怎么办？**
——解析买房人提起案外人执行异议之诉

王继玉[①]

罗马不是一天建成的，房子同样也不是。事实上，房地产项目从立项、开始预售到房屋建成交付，往往耗时颇长。购房人签订房屋买卖合同、交纳购房款后，一般需要等待很长一段时间才能拿到产权证。因此，买房子不像菜市场买菜，往往不是一手交钱一手拿货的"一锤子买卖"。俗话说，落袋为安，夜长梦多。在购房人取得商品房所有权之前，交易的房屋仍属于开发商所有的财产。实践中，房地产开发企业往往通过融资举债进行项目建设，因此可能面临被债权人起诉的情况，甚至开发商资金链断裂、卷款潜逃造成烂尾工程等情形也时有发生。此时，交易房屋大概率会成为法院执行标的，面临被采取查封拍卖等强制执行措施的情况。"无恒产者无恒心"，房屋是人民群众的基本生存和生活资料。那么，在开发商的房屋被执行时，购房人能获得法律的优先照顾和保护吗？首先来看下面的案例。

案情回顾

（一）半路杀出程咬金——煮熟的鸭子也会飞走？

刘大爷勤勤恳恳工作了大半辈子，好不容易把女儿小刘养育成人，这几年手头上稍稍宽裕些，心心念念的一桩心愿就又开始萌动了。原来，刘大爷名下只有一套当年单位房改时买的福利房，条件不好，面积也小，现在女儿小刘长大了，一家人挤在老房子里就局促了些。所以刘大爷有意再买一套商

---

① 北京市第二中级人民法院民事审判第一庭助理审判员、法官助理。

品房，改善一下一家人的居住条件。

前前后后跑了许多楼盘，刘大爷最后挑中了旺家房地产公司开发的幸福家园小区。2009年12月，刘大爷在售楼处与旺家房地产公司签订了一份《内部认购书》，合同约定刘大爷认购旺家房地产公司开发并登记在该公司名下的幸福家园小区三室二厅商品房一套，房屋总价29万余元。《内部认购书》同时还写明了楼层房号，以及付款方式、交房日期、两证办理及费用、建设标准、违约责任、维修责任等。签订合同后，刘大爷先后四次向旺家房地产公司支付购房款共计23万元，只剩几万元尾款还未支付。

心里算着交房日期越来越近，刘大爷美滋滋地盘算着收房后怎么装修。哪承想，就在这个节骨眼上竟然半路杀出个程咬金——房子被法院查封了！原来，开发商旺家房地产公司借了廖女士的钱没有及时偿还，被债权人廖女士起诉到了法院，法院不但判决开发商偿还欠款，还依据廖女士的申请查封了登记在开发商名下的幸福家园小区房屋。如果开发商不能履行判决偿还欠款，那么法院将把房屋拍卖用于偿还欠账。眼看房款基本已经交齐了，这时候房子真要是被法院强制执行拍卖了，不但房子如"煮熟的鸭子飞走了"，自己大半辈子的积蓄也有打水漂的风险，这下可把刘大爷急得似热锅上的蚂蚁团团转。

经人指点，刘大爷急忙向执行法院书面提起执行异议申请。法院经审查认为，刘大爷与开发商虽然签订了《内部认购书》，并交了部分房款，但没有签订正式的商品房买卖合同，而且没有交房入住，因此执行异议理由不成立，遂作出执行裁定书，驳回了刘大爷的执行异议。

刘大爷对执行异议裁定的结果不服，无奈又以执行申请人廖女士为被告，向执行法院提起案外人执行异议之诉。

（二）峰回路转能否见柳暗花明？

刘大爷提起案外人执行异议之诉，请求法院判令停止执行刘大爷购买的登记在开发商名下的房产，并解除房屋查封措施。

作为开发商的债权人，被告廖女士自然不同意刘大爷的请求，理由是：

第一，原告刘大爷与开发商旺家房地产公司签订的《内部认购协议》不具备被依法认定为商品房买卖合同的条件，不是商品房买卖合同；第二，本案不具备《最高人民法院关于人民法院办理执行异议和复议案件若干问题的规定》（以下简称《执行异议和复议案件规定》）第二十八条规定的四个条件，刘大爷申请停止强制执行没有事实和法律根据。如果开发商因为强制执行届时不能交房，刘大爷交给开发商的购房款只能由刘大爷向开发商另行要回。

经审理，法院作出民事判决：停止对刘大爷购买的登记在开发商名下的房产的执行，并解除查封措施。宣判后，廖女士不服一审判决，向上一级人民法院提起上诉。二审法院经审理认为，刘大爷与开发商签订的《内部认购书》是双方真实意思表示，符合法律的规定，而且具备商品房买卖合同的主要内容，并且刘大爷已经按照约定支付大部分购房款，没有签订商品房买卖合同是开发商的原因，所以《内部认购书》应当认定为双方合法的、有效的商品房买卖合同。本案争议的焦点问题为，刘大爷能否排除对涉案房屋的强制执行。经查，刘大爷签订《内部认购书》后已支付大部分房款；而且刘大爷是自然人而非法人或其他组织，购买房屋的性质为居住用房，而非写字楼、门面房等经营性用房；刘大爷名下现有房屋建于20世纪80年代，面积较小，其现与成年女儿共居一室，原住房已不能满足基本生活需求，购买案涉商品房是直接用于满足其生活居住需要，因此刘大爷符合刚性需求房屋消费者的相关条件。综合上述情节，刘大爷的情况符合《执行异议和复议案件规定》保障房屋消费者生存权的立法目的。刘大爷虽然还没有经过交房、办理产权证的流程，没有取得房屋的所有权，但是具有房屋消费者对房屋的物权期待权，具有排除强制执行的物权效力。而且，案涉房屋具有为刘大爷及其家人提供生活保障的功能，与廖女士的金钱债权相比，刘大爷的请求权在法律伦理基础上具有一定的优先性。因此，二审法院作出民事判决：驳回上诉，维持原判。

峰回路转，柳暗花明，法院最终支持了刘大爷提起的案外人执行异议之诉，判令解除了房屋的查封。刘大爷提着的心终于能放下来了。

可按理说，虽说刘大爷与开发商签了《内部认购书》，也交了大部分房款，可是房子登记在开发商名下，只要一天没交房、没办房产证，房子就还是开发商的财产，刘大爷最多算是开发商的一个债权人。既然房子还是开发商的财产，债权人廖女士请求法院查封拍卖，用卖房款偿还开发商欠自己的钱，也是天经地义呀？同样都是债权人，一边是廖女士请求执行房产，另一边是刘大爷请求停止执行，一个要天晴，一个要下雨，法院为何最终"厚此薄彼"，支持刘大爷呢？为何法院先是驳回了刘大爷提起的执行异议申请，却又在案外人执行异议之诉中支持了他的请求呢？其中道理，且看下面分解。

法理分析

本案是一起案外人执行异议之诉，案件争议的核心法律问题是：购房人从开发商处购买商品房，但是还没有办理过户登记，开发商的其他债权人申请法院对房屋强制执行时，购房人对房屋享有的权利是否优先于其他债权人？能不能排除法院的强制执行？

刘大爷请求对房屋停止执行并解除查封，核心的法律依据是最高人民法院《执行异议和复议案件规定》第二十九条，"金钱债权执行中，买受人对登记在被执行的房地产开发企业名下的商品房提出异议，符合下列情形且其权利能够排除执行的，人民法院应予支持：（一）在人民法院查封之前已签订合法有效的书面买卖合同；（二）所购商品房系用于居住且买受人名下无其他用于居住的房屋；（三）已支付的价款超过合同约定总价款的百分之五十"。也就是说，刘大爷这样的买房人，要想排除法院对房屋的强制执行，需要满足三个条件：第一，必须是在法院查封房屋之前，已经和开发商签订了合法有效的书面买卖合同。需要注意，合同的性质必须是房屋买卖合同（商品房销售、预售合同等都属于房屋买卖合同），签订时间要在法院查封房屋之前，合同的形式要求是书面形式。第二，购买房屋的用途和目的必须是用于居住，而且其名下没有其他房屋，也就是说购买房屋是为了满足最基本的居住需求。因此，如果购买的房屋不是住宅而是商铺，购房目的不是满足基本居住生存需求，就不能适用这一法律。第三，是已经支付了开发商一半以上的房款。如果刘大爷的情况满足这三个条件，那么刘大爷对房屋享有的权利就优先于申请法院查封房屋的开发商的其他债权人。

那么，法律为何这么规定呢？原来，《执行异议和复议案件规定》第二十九条是关于在执行程序中对消费者购房人物权期待权给予破格保护的法律条款。一般来说，债权请求权具有平等性，当债务人对外欠债不还时，只要是债务人名下的财产，债权人都有权根据法律程序请求法院采取查封拍卖等措施，强制债务人清偿债务。此时遵循"先来后到"，谁先申请法院强制执行，谁就有权先受偿。即使是债务人资不抵债"破产"的，所有债权人也是根据平等原则按照债权比例平等受偿。因此，原则上，没有哪个债权人优先于其他债权人。在开发商向购房人交付房屋、办理产权证前，房屋仍然属于开发商名下的财产，购房人依据房屋买卖合同也只享有债权请求权，原则上购房人对房屋享有的权利相比开发商的其他债权人，尤其是已经申请法院强制执行的债权人的权利，并不具有优先性，也不能排除法院的执行。

但是原则之下，也有例外。《执行异议和复议案件规定》第二十九条对"消费者购房人物权期待权"给予的破格保护，就是一种债权平等原则的例外情形。这一规定所蕴含的法律精神是维护"消费者购房人"的生存权这一更高价值。所谓"消费者购房人"，就是指购买房屋的目的是满足自身及家庭基本生存居住需要，而且在法院查封前签订买房合同、已经交纳大部分房款的"消费者"型购房人。考虑到如果机械"一刀切"地执行债权平等原则，尽管实现了形式上的平等，但是最终将会危及"消费者购房人"的基本生存，因此法律选择对"消费者购房人"的生存权这一更高价值进行破格保护，赋予消费者购房人物权期待权能够排除法院强制执行的效力，体现了法律的人文关怀。那么，本案刘大爷是否符合《执行异议和复议案件规定》第二十九条规定的三个条件呢？

（一）《内部认购书》能否算作商品房买卖合同？

现实生活中，开发商与购房人可能直接签订正式的房屋买卖合同，也可能在签订正式合同之前先签订一份预约合同，约定将来某一时间或者满足一定条件后，双方再签订正式合同。预约合同的形式和名称多种多样，如选房单、定金条、购房意向书等。一般来说，认购书也是一种预约合同，因此不是正式的房屋买卖合同。

但是，判断合同的性质，不能只看合同的名称，更重要的是要看合同的内容，看签订合同的人的真实意思和意图是什么。虽然名叫认购书，但是如果内容非常完善，对买卖房屋的重要事项都已经做了约定，同时能够看出签订认购书的双方都有意接受合同约束，按照认购书的约定继续履行买卖房屋事宜的，那么认购书就可以认定为正式的房屋买卖合同。因此，《最高人民法院关于审理商品房买卖合同纠纷案件适用法律若干问题的解释》第五条规定："商品房的认购、订购、预订等协议具备《商品房销售管理办法》第十六条规定的商品房买卖合同的主要内容，并且出卖人已经按照约定收受购房款的，该协议应当认定为商品房买卖合同。"

从本案刘大爷签订的《内部认购书》来看，该认购书写明了楼层房号，因此要买哪一套房屋是具体明确的；写明了房屋价款、付款方式、交房日期、房产证办理及费用，甚至约定了建设标准、违约责任、维修责任等。因此从内容上看，《内部认购书》对于继续履行买卖房屋事宜必须约定的重要事项都进行了约定，基本具备了《商品房销售管理办法》第十六条规定的商品房买卖合同的主要内容。再从刘大爷和开发商的意图来看，刘大爷已经依据《内部认购书》的约定支付了大部分房款，开发商也已经收取房款，显然可以判断双方都有按照《内部认购书》约定继续履行买卖房屋事宜的意图。因此，本案审理法院认定，刘大爷签订《内部认购书》的情况符合"在人民法院查封之前已签订合法有效的书面买卖合同"。

（二）刘大爷名下已有房屋，是否不符合"买受人名下无其他用于居住的房屋"的要求？

法院查明，刘大爷名下有一套当年单位房改时买的福利房，其和成年女儿一起居住，房子条件不太好，面积也小，所以才想再买一套房子。从字面上看，刘大爷名下已经有一套房子，面积再小也是房子，确实不符合"买受人名下无其他用于居住的房屋"的要求，这也是最初刘大爷提出执行异议后，法院执行部门没有支持刘大爷的原因。刘大爷在提出执行异议被驳回之后，又依据《民事诉讼法》第二百二十七条（现第二百三十四条）提起了案外人执行异议之诉，法院在案外人执行异议之诉的审理中却最终支持了刘大爷的请求，这又是为何呢？同一法院作出的裁判，为何前后不一？

这就不得不说说执行异议与执行异议之诉的不同了。执行异议属于执行程序，而执行程序是法院以已经生效的判决书等为依据，强制债务人履行判决书确定的义务，"兑现"判决书的内容，帮助胜诉方尽快实现权利的程序。因此，执行程序有生效的判决书为保障，价值理念为"效率优先，兼顾公平"，因而在案外人对被执行人名下的财产提出执行异议时，以形式审查为原则，判断标准必须简单明确。那么，万一判断错了，导致产生不好的法律效果和社会效果，该怎么办呢？

别担心，这时候就轮到案外人执行异议之诉上场了。《民事诉讼法》第二百二十七条（现第二百三十四条）规定："执行过程中，案外人对执行标的提出书面异议的，人民法院应当自收到书面异议之日起十五日内审查，理由成立的，裁定中止对该标的的执行；理由不成立的，裁定驳回。案外人、当事人对裁定不服，认为原判决、裁定错误的，依照审判监督程序办理；与原判决、裁定无关的，可以自裁定送达之日起十五日内向人民法院提起诉讼。"执行异议申请被驳回后，如果刘大爷仍然不服，就可以提起案外人执行异议之诉。执行异议之诉是审判程序，也就是真正的"打官司"，价值理念是"公平优先，兼顾效率"，在制度设计上"打官司"该有的一审、二审和再审程序都有，从而使实质审查具备可能性。

由此看出，执行异议与执行异议之诉是不同的程序，要解决的问题也不一样，因此不应适用同一审查标准。而《执行异议和复议案件规定》第二十九条是针对执行异议的规定，因此直接规定"买受人名下无其他用于居住的房屋"，有就是有，没有就是没有，这是为了降低执行法官在具体案件中的判断难度，方便迅速准确作出判断。但是实际生活远比法条复杂，要在每一个案件中实现公平正义也并非易事。在执行异议之诉中，可以参照适用上述第二十九条的规定，但不宜过于机械，应结合具体案情具体分析。本案中，刘大爷买的房子是住宅，而不是商铺等经营性用房，其名下虽然有一套老房子，但是与成年女儿共居一室，原住房已不能满足基本生活需求，因此刘大爷购买案涉商品房是直接用于满足基本生活居住需要。所以，刘大爷的情况符合法律保障老百姓基本生存权的立法目的，法院最终认定刘大爷是"刚性需求房屋消费者"，在实质上符合"所购商品房系用于居住且买受人名下无其他用于居住的房屋"的要求。《全国法院民商事审判工作会议纪要》第一百二十五条也明确，"'买受人名下无其他用于居住的房屋'，可以理解为在案涉房屋同一设区的市或者县级市范围内商品房消费者名下没有用于居住的房屋。商品房消费者名下虽然已有1套房屋，但购买的房屋在面积上仍然属于满足基本居住需要的，可以理解为符合该规定的精神"。

至于第三个条件，刘大爷已经支付了大部分购房款，显然符合"已支付的价款超过合同约定总价款的百分之五十"。多说一句，上述《全国法院民商事审判工作会议纪要》第一百二十五条也明确"如果商品房消费者支付的价款接近于百分之五十，且已按照合同约定将剩余价款支付给申请执行人或者按照人民法院的要求交付执行的，可以理解为符合该规定的精神"。

正是基于上述理由，法院最终支持了刘大爷的诉讼请求。

知识拓展

关于房屋买卖中涉及的案外人执行异议之诉，还有一些问题需要进一步说明：

（一）过户前，购房人对房屋享有什么权益？

房屋买卖合同是指购房人支付房屋价款，卖房人交付房屋并转移房屋所有权的合同，可以分为一手房买卖合同（商品房预售、销售合同）和二手房买卖合同（存量房买卖合同）。购房人与开发商签订商品房预售、销售合同后，购房人依据合同负有向开发商支付房款的义务，开发商负有向购房人交付房屋、办理所有权转移登记的义务。反过来说，开发商有权请求购房人依约支付房款，购房人有权请求开发商交付房屋、办理所有权转移登记。双方对彼此的请求权是基于房屋买卖合同产生的债权请求权。同时，我国不动产物权的变动实行登记生效主义，《民法典》第二百零九条规定"不动产物权的设立、变更、转让和消灭，经依法登记，发生效力；未经登记，不发生效力，但是法律另有规定的除外"。也就是说，在开发商将房屋过户登记给购房人前，房屋仍然是开发商名下的财产，即使已经交付房屋，从法律上来说购房人也不是房屋所有权人，对房屋不享有物权。

那么，物权与债权有何不同呢？最大的不同是，物权是对世权，具有排他性；债权是相对权，遵循债权平等原则。通俗来说，一处房屋只能有一个所有权（多人共有也只有一个所有权），不可能既完全属于甲，又完全属于乙。同时，物权具有排他效力和优先效力，物权人对特定的物有权直接支配、排除他人干涉，并且其物权一般优先于债权得到保护。不同于物权，债权则需要遵循债权平等原则，数个债权不论发生先后，都地位平等同时共存。举例来说，甲先后向乙、丙、丁借款，那么甲要以全部财产作为责任财产向乙、丙、丁承担偿还责任。某个债权人（譬如丁）在先申请法院强制执行甲的财产的，其他债权人即使债权发生在前，也只能就甲的其他财产主张权利。当甲的财产不足以清偿所有债务而破产时，所有债权人不论债权发生先后，依据比例参加分配甲的财产。根据前文所述，过户前，购房人对房屋享有的是请求开发商交房、过户的债权，不享有所有权，房屋仍旧为开发商名下的财产。一旦有开发商的债权人申请法院查封房屋用于偿还债务，根据债权平等原则，购房人的权利不优先于申请执行的债权人，因此请求法院停止执行一般不能获得支持。但是，这一原则并非绝对，法律在原则之外设立了几个例外情形。

（二）强制执行时对购房人的权利破格优先保护的情形

《执行异议和复议案件规定》第二十八条、第二十九条规定了房屋被法院强制执行时对购房人权利优先保护的两种典型情形：其中，第二十八条是对无过错一般房屋买受人物权期待权的破格保护；第二十九条是对消费者购房人物权期待权的破格保护。后一种情形前面已经说过，我们来看看前一种情形。

《执行异议和复议案件规定》第二十八条规定："金钱债权执行中，买受人对登记在被执行人名下的不动产提出异议，符合下列情形且其权利能够排除执行的，人民法院应予支持：（一）在人民法院查封之前已签订合法有效的书面买卖合同；（二）在人民法院查封之前已合法占有该不动产；（三）已支付全部价款，或者已按照合同约定支付部分价款且将剩余价款按照人民法院的要求交付执行；（四）非因买受人自身原因未办理过户登记。"这一条是对一般房屋买受人物权期待权的破格保护。买受人物权期待权是指对于签订买卖合同的买受人，在已经履行合同部分义务的情况下，虽然尚未取得合同标的物的所有权，但赋予其类似所有权人的地位，其物权的期待权具有排除执行等物权效力。对一般房屋买受人物权期待权优先保护的合理性基础是：一方面，购房人已经向卖房人支付了房款，或者同意将房款支付给法院用于偿还债务，因此只是导致债务人的责任财产形态从房屋变化为金钱，并没有实质损害申请执行的债权人的固有利益；另一方面，购房人已经支付房款，并且合法地在房屋中居住使用，与房屋产生较强的联系，同时未及时办理过户登记也并非购房人的过错，因此购房人对房屋的物权期待权值得予以保护。

第二十八条与第二十九条相比较，存在以下异同。二者相同之处有两点：一是申请执行的债权都是一般金钱债权，二是都要求在法院查封之前已签订合法有效的书面买卖合同。二者不同之处有五点：一是保护的对象不同，第二十八条适用于保护所有购房人，第二十九条则限定为消费者购房人，要求购房人名下无其他住房、购房目的是满足基本居住需要。二是针对的房屋不同，第二十八条适用于一手房和二手房，第二十九条限为购买开发商经营的一手房。三是是否要求占有房屋不同，第二十八条要求查封前购房人已合法占有房屋，第二十九条不要求。四是付款要求不同，第二十八条要求支付全部价款或已按合同付款并将余款交付执行,第二十九条仅明确要求已付款超过合同约定总价款的50%。五是过错要求不同,第二十八条要求买受人对于没有办理过户登记无过错,第二十九条没有相关要求。那么第二十八条、第二十九条之间是什么关系呢?理论上,购房人可以根据自身情况选择适用。

(三)什么是案外人执行异议之诉?

《民事诉讼法》第二百三十四条规定:"执行过程中,案外人对执行标的提出书面异议的,人民法院应当自收到书面异议之日起十五日内审查,理由成立的,裁定中止对该标的的执行;理由不成立的,裁定驳回。案外人、当事人对裁定不服,认为原判决、裁定错误的,依照审判监督程序办理;与原判决、裁定无关的,可以自裁定送达之日起十五日内向人民法院提起诉讼。"这里所说的提起诉讼就是指案外人执行异议之诉。案外人执行异议之诉属于我国《民事诉讼法》规定的案外人救济案件的一种,目的是允许被执行财产的真正权利人向法院主张权利,以排除法院对特定财产的强制执行。

程序上,案外人提起执行异议之诉需要特别注意以下事项:(1)案外人需要先向执行法院提起执行异议申请,被驳回的,才可以自裁定送达之日起15日内向执行法院提起执行异议之诉。(2)案外人执行异议之诉由执行法院管辖。(3)案外人提起执行异议之诉的,以申请执行人为被告。被执行人反对案外人异议的,被执行人为共同被告;被执行人不反对案外人异议的,可以列被执行人为第三人。

普法提示

根据前述的案例和法律规定,再给大家一些风险提示:

(一)规范签约

购房人在购买商品房时,应当尽量选择资信情况良好、展业规范的房地产开发企业,并尽量与开发商签订正式、规范的商品房预售合同或销售合同。

首先，在合同的形式上，应当采取书面形式。其次，合同内容应当约定得尽量详细。在先签订预约合同、认购书，再签订正式合同的场合，应当积极督促开发商尽早签订正式合同。如果未能签订正式书面合同，一旦发生争议或者房屋被法院强制执行，权利将难以得到保障。

（二）积极谨慎履约

合同签订后，应积极促进合同的履行，按合同约定及时支付房款，并督促开发商及时交付房屋、办理过户登记。在履约过程中，应当谨慎，注意留存交纳房款的资金往来凭证。

（三）诚信诉讼

案外人执行异议之诉是法律赋予购房人的法律救济途径，《执行异议和复议案件规定》第二十八条、第二十九条更是法律基于维护人民群众基本生存权等价值，突破债权平等原则，对购房人物权期待权给予优先于其他债权人的破格保护。当事人应当诚信诉讼，不得滥用诉权，采取恶意虚构、倒签房屋买卖合同等虚假诉讼手段，损害债权人的利益，扰乱法院执行活动，否则必将依法承担法律责任。《最高人民法院关于适用〈中华人民共和国民事诉讼法〉的解释》第三百一十五条第二款规定："被执行人与案外人恶意串通，通过执行异议、执行异议之诉妨害执行的，人民法院应当依照民事诉讼法第一百一十三条（现第一百一十六条）规定处理。申请执行人因此受到损害的，可以提起诉讼要求被执行人、案外人赔偿。"

案例六 | **开发商逾期办理房产证怎么办？**
——逾期办证违约金的适用与调整

陈雨菡[①]

案情回顾

2011年，王芳花400多万元购买了新新公司开发的商品房，合同中约定，新新公司应当在2013年6月30日前办理该房屋所在楼栋的初始登记，并在交房之后两年内为王芳办理房产证。同时，合同中还约定，如果新新公司未能按照约定的时间办理楼栋的初始登记，但没有耽误王芳按照合同约定的时间取得房产证的，开发商新新公司无须承担任何责任。2012年6月30日，新新公司向王芳交付了房屋，但一直没有为王芳办理房屋的产权证，也没有取得楼栋的权属证明。

2016年，王芳将新新公司起诉到法院，认为新新公司既没有按照约定的时间办理楼栋的初始登记，也没有按照约定为王芳办理房产证，因此，要求新新公司承担逾期办理楼栋初始登记和逾期办理房产证的两项违约责任。同时，王芳认为合同中原本约定的违约金标准过低，要求按照中国人民银行关于金融机构计收逾期贷款利率标准计算违约金。

新新公司不同意王芳的诉讼请求。新新公司表示，之所以未能如期办理初始登记和房产证，是由于小区周边环境问题和部分业主违法加建阳光房，导致小区无法完成规划验收，不是新新公司单方面的原因，因此不应由新新公司承担违约责任。

法院经审理认为，虽然小区存在部分业主违法建设的情况，但周边环境未达到规划验收的要求，造成王芳至今未取得房产证，仍应当由新新公司承

---

① 北京市第二中级人民法院民事审判第一庭法官。

担违约责任。双方在合同中约定了新新公司办理楼栋初始登记和房产证的时间，但是并没有就逾期办理初始登记单独约定违约金。对于逾期办理房产证，双方在合同中约定了相应的违约金，王芳认为合同约定的违约金计算标准过低，要求提高违约金的标准，但是王芳对逾期办理房产证造成的具体损失数额无法提供证据证明，因此法院没有采纳她的意见，仍然按照双方约定的违约金标准，判决新新公司支付王芳逾期办理房产证的违约金22000元。

法理分析

本案主要有三个争议焦点：一是新新公司是否应当承担迟延办理房产证的违约责任；二是王芳要求新新公司支付逾期办理初始登记的违约金或赔偿损失是否有事实依据和法律依据；三是双方约定的逾期办理房产证的违约金计算标准是否应予调整。

根据本案现已查明的事实，双方于合同中明确约定，新新公司应在限定期限内办理房屋初始登记和产权证，并针对产权证明确约定了违约金的计算方法，但针对房屋初始登记，双方并未单独约定违约金。关于争议焦点一，新新公司没有按照约定为王芳办理房产证，应按照合同约定及法律规定承担相应违约责任。关于争议焦点二，针对初始登记，合同中对此未约定违约金，根据法律规定，如新新公司的此违约行为确实造成王芳损失的，新新公司亦应予以赔偿。但根据王芳提交的现有证据，尚难以证明损失发生的事实。因此，王芳的该诉讼请求难以得到支持。关于争议焦点三，王芳主张双方合同约定的违约金低于对其造成的损失，并据此援引《合同法》第一百一十四条第二款（现已失效，相关规定见《民法典》第五百八十五条第二款）之规定，请求法院予以增加。但如前文所述，王芳未提交证据对其损失发生的事实予以证明，故按照法律规定，王芳应就此承担举证不能的不利后果。因此，法院没有采纳王芳的意见，仍按照双方约定的违约金标准判决新新公司支付王芳逾期办理房产证的违约金。

知识拓展

在商品房买卖合同的履行过程中,办理房屋产权证是重要的履行内容,双方一般会在合同中约定办理产权证的期限及相应的违约责任。正如本案中的情况,新新公司作为建设单位及开发商,是楼栋初始登记的主体,而初始登记是业主取得房产证的前提条件。实践中,有的合同仅约定开发商给业主办理房产证的期限,有的合同会分别约定开发商办理楼栋初始登记的期限和为业主办理房产证的期限。由于办理初始登记和房产证是两个不同的登记行为,有的合同中也会就这两个行为分别约定违约金。

(一)违约金的同时主张

如果在合同中分别约定了开发商逾期取得初始登记和逾期办理过户登记均应当支付违约金,购房人同时主张两项违约金的,该如何处理?如果买受人同时主张上述两项违约金的,一般可以支持。但是,若出卖人主张两项违约金相加数额过高的,法院可以综合买受人所受实际损失、出卖人的过错程度、是否使用格式条款等因素,对于违约行为重复期间的违约金,择一高标准予以支持。

(二)违约金的分段主张

实践中,购房人除了会同时就多项违约金分别主张,有时由于逾期行为持续时间较长,还有可能分段主张违约金。此时出卖人以买受人主张的违约金数额过高作为抗辩的,应区分以下情形处理:1. 出卖人存在多项违约行为,买受人分别提起诉讼主张违约金,前诉法院已经做出处理的,后诉法院应当综合考虑前后案件的具体情况、买受人的实际损失、前诉案件的赔偿数额等因素综合确定赔偿数额。2. 买受人就出卖人的同一违约行为分段起诉主张违约金,前诉法院已经确定出卖人支付违约金,出卖人有证据证明前诉案件确定的违约金数额加上买受人在后案中主张的违约金数额过分高于其所受实际损失的,应当判决部分驳回直至全部驳回买受人的诉讼请求。3. 买受人就出卖人的同一违约行为先后主张迟延履行违约金和解除合同违约金，前诉法院已经确定出卖人承担迟延履行违约金的，后诉法院在支持解除合同违约金时，应当扣除出卖人已经承担的迟延履行违约金的数额。

（三）王芳的违约金主张为何未得到支持？

回到本案中的情况，双方在合同中对于初始登记和办理产权证虽然分别约定了履行的期限，但是仅约定了迟延办理产权证的违约金，对逾期办理初始登记并未约定违约金。由于违约金应当以双方约定为前提，因此购房人要求开发商支付逾期办理初始登记的违约金，缺乏合同依据。但是，如果购房人能够举证证明开发商逾期办理初始登记的行为给其造成了实际损失的，就损失部分，仍可以要求开发商予以赔偿。

本案中，王芳还曾主张合同约定的违约金标准低于实际损失，要求法院予以调整，并按照中国人民银行关于金融机构计收逾期贷款利率的标准计算违约金。关于违约金调整的问题，《合同法》第一百一十四条第一款和第二款（现已失效，相关规定见《民法典》第五百八十五条第一款和第二款）规定："当事人可以约定一方违约时应当根据违约情况向对方支付一定数额的违约金，也可以约定因违约产生的损失赔偿额的计算方法。约定的违约金低于造成的损失的，当事人可以请求人民法院或者仲裁机构予以增加；约定的违约金过分高于造成的损失的，当事人可以请求人民法院或者仲裁机构予以适当减少。"《最高人民法院关于适用〈中华人民共和国合同法〉若干问题的解释（二）》第二十八条（现已失效）规定："当事人依照合同法第一百一十四条第二款的规定，请求人民法院增加违约金的，增加后的违约金数额以不超过实际损失额为限。增加违约金以后，当事人又请求对方赔偿损失的，人民法院不予支持。"第二十九条规定："当事人主张约定的违约金过高请求予以适当减少的，人民法院应当以实际损失为基础，兼顾合同的履行情况、当事人的过错程度以及预期利益等综合因素，根据公平原则和诚实信用原则予以衡量，并作出裁决。当事人约定的违约金超过造成损失的百分之三十的，一般可以认定为合同法第一百一十四条第二款规定的'过分高于造成的损失'。"由此可见,法院对于违约金的调整应以违约行为造成的实际损失为基础。本案中,王芳无法提供证据证明实际损失的具体数额,因此其要求调整违约金的诉讼请求无法得到支持,仍应按照双方合同约定的标准确定违约金数额。

普法提示

本文通过王芳与新新公司之间的商品房预售合同纠纷案件,分析了商品房买卖合同履行过程中逾期办证的相关问题,包括违约金的重复主张、分段主张以及违约金调整的问题。购房人购买商品房的最终目的是取得房屋的所有权,因此逾期办证的违约行为往往是合同履行过程中争议的重点问题。实践中购房人从签订合同到最终取得房屋所有权证常常需要较长的时间,而由于办理产权证涉及的因素众多,如果出现违约情形,往往也会持续比较长的时间。

(一)重点关注合同重要条款

购房人在签订房屋买卖合同时,对于房屋交付、办证等相关的重要条款应给予重点关注。实践中,购房人签订的购房合同一般是由开发商提供的合同文本,但是,对于合同条款中相应的重要节点,例如房屋交付的时间、交付的条件、办理产权证的期限、相应的违约责任、免责条款等都应仔细确认,如有协商变更,应与开发商在合同中以书面形式予以确认,避免履行过程中发生纠纷时责任难以厘清。

(二)注意证据的保存

合同履行过程中要注意证据的保存。根据前文阐述的违约金适用的相关规定,无论是分别主张多个行为的违约金、就一个持续性的违约行为分段主张违约金,还是违约金的调整,最终都以违约行为造成的损失作为考量的基础。因此,在履行过程中,如果开发商出现违约行为,购房人应注意及时保存相应的证据及发生费用的凭据等。本案中，在双方约定了履行期限但未约定相应违约金的情况下，购房人仍可以就实际发生的损失部分要求违约方予以赔偿。但在诉讼中，购房人对其损失发生负有举证责任。

第三章

二手房买卖合同签约环节

案例一 | **购买二手房要注意签约流程和细节**
——避免因恶意串通损害第三人利益而导致合同无效

杨志东[①]

案情回顾

现如今，人们买房不仅是为满足居住的需要，还要考虑子女上学、工作通勤、照顾老人、就医条件等多种因素，权衡各项条件，综合考虑后，才能选到自己心仪的房屋。但在购房过程中，稍有不慎，费大力气买到的房子就有可能惹上官司。赵云最近就遇上了这种烦心事。

2013年，因为女儿即将上小学，赵云考虑将自己居住的住房出售，置换一个方便女儿上学的房屋，同时离自己父母近些，方便照顾，另外最好方便工作通勤。带着这些条件，赵云找到房屋中介公司，中介公司向赵云推荐了张生的房屋，位于北京市西城区某街3号院3号楼。赵云了解到张生的女儿大学在读，尚未结婚，所以该房屋有学籍名额可供使用。赵云当时就看中了这套房子，并要求看房，但由于当日未能联系到张生，房屋中介公司就带赵云看了张生楼下相同户型的房屋。赵云对房屋格局也非常满意。

赵云在签订合同之前见到了张生，同时看了张生的房产证，所有权人一栏只有张生一人，房屋中介公司当时说张生有爱人，但赵云并未重视，认为房屋中介公司审核通过后才能将房屋挂牌出售。张生称出售涉案房屋之前曾告知其爱人傅莺莺并取得了其同意。赵云提出了看房的要求，房屋中介公司称张生的爱人傅莺莺将与张生一起带她看房。但看房的时候，房屋中介公司称傅莺莺临时有事不能来带看房屋，赵云在张生和房屋中介公司的带领下实地查看了涉案房屋，当时涉案房屋内的主卧室是锁着的，张生告知赵云里边存放了一些藏品，

---

① 北京市第二中级人民法院民事审判第一庭法官。

赵云因之前已经查看了相同户型的房屋，觉得没有必要再看，同时出于礼貌，考虑到屋内是贵重物品，所以没有要求张生打开主卧室的门进内查看。赵云查看了张生的户口本，张生的户籍与傅莺莺的户籍登记在同一户籍内。赵云在看房后决定购买张生的房屋，同时卖掉了自己原来的住房。

2013年11月10日，张生（甲方、卖方）与赵云（乙方、买方）签订了《北京市存量房屋买卖合同》，约定张生以490万元的价格将涉案房屋出售给赵云，双方在合同中约定，张生应在过户后10个月内将涉案房屋交付给赵云，并在房屋所有权转移之日起360日内，至房屋所在地的户籍管理机关办理原有户口迁出手续。在该合同的附件中，双方约定该房屋成交价格为490万元，其中房款235万元，装修装饰补偿款255万元。同日，在房屋中介公司的居间下，张生与赵云又签订了《房屋买卖及居间协议书》，该合同载明，涉案房屋成交价为490万元。张生于过户后10个月内向赵云交付房屋。居间服务报酬10.78万元由赵云支付。2013年10月31日，张生收取定金2万元。2013年11月13日，赵云向张生账户转款48万元。2014年4月9日，赵云向北京市西城区房屋管理局的托管账号内汇入235万元。2014年4月10日，赵云向张生账户转款205万元。同日，赵云取得涉案房屋的所有权证。2014年4月18日，赵云将其及其女儿朱思思的户籍迁入涉案房屋。2014年4月29日，赵云又将丈夫朱宙的户籍迁入涉案房屋。

但就在赵云等待入住新房的这段时间，张生的爱人傅莺莺起诉了赵云和张生，认为赵云与张生恶意串通签订买卖房屋合同，损害了傅莺莺的合法权益，故提起诉讼请求确认赵云与张生的房屋买卖合同无效。傅莺莺表示，张生在其不知情的情况下处分了夫妻共同财产，是无权处分。而且张生与赵云之间存在恶意串通情形，赵云明知有共有人仍坚持购房，其看房时发现主卧室上锁，没有询问原因不符合常理。

赵云辩称，其与张生之间是正常的房屋买卖关系，并无恶意串通的事实。张生表示出售涉案房屋是傅莺莺同意的，其与赵云之间并无恶意串通的行为。

一审法院认为：涉案房屋系张生与傅莺莺婚姻关系存续期间取得的财

产，应属于夫妻共同财产。张生辩称处分涉案房屋经过傅莺莺的同意，但并未提供证据证明，傅莺莺对此也不予认可。因此，张生处分夫妻共同财产未经过傅莺莺的同意，事后也没有获得傅莺莺的追认，属于无权处分。

张生作为出售涉案房屋的一方，其对于涉案房屋属于夫妻共同财产是明知的，其未经配偶同意出售涉案房屋，故其存在恶意自不必说。赵云知道张生有配偶，在购买涉案房屋之前就得知该房屋属于傅莺莺与张生的夫妻共同财产，却仍然与张生个人签订房屋买卖合同，因此无法推断出赵云购买涉案房屋系出于善意，故赵云在傅莺莺不知情的情况下与张生签订房屋买卖合同，属于无权处分，且赵云与张生在签订上述合同时均明知涉案房屋属于张生与傅莺莺的夫妻共同财产，却仍然未经过傅莺莺同意签订房屋买卖合同，损害了傅莺莺的合法权益，故张生与赵云的房屋买卖合同应属无效。

赵云不服一审判决，提出上诉。二审法院审理后认为，根据《最高人民法院关于审理买卖合同纠纷案件适用法律问题的解释(2012)》第三条①第一款"当事人一方以出卖人在缔约时对标的物没有所有权或者处分权为由主张合同无效的，人民法院不予支持"的规定，因此，傅莺莺以张生出售房屋时未经过其同意，事后也未获得其追认，属于无权处分为由主张合同无效，不符合法律规定，据此无法确认张生与赵云所签房屋买卖合同无效。

双方的争议焦点集中在赵云购买房屋时，是否与张生存在恶意串通损害傅莺莺利益的情形。法院结合赵云购房的流程、房屋成交价格、赵云是否按约定及时付款情况、到期收房等购房行为是否正常，综合分析判断赵云与张生之间签订的房屋买卖合同是否存在恶意串通的可能性。

首先，从赵云购买张生房屋的目的来看，是为了改善居住条件，二居室改善为三居室并考虑孩子就近入学和方便老人接送，以及住房离赵云工作地点较近等因素而购买诉争房屋；赵云购买张生的房屋前，已将自己原来的房屋出售，就是为换房做准备；从上述售房行为及赵云陈述的换房原因分析，

---

① 《最高人民法院关于审理买卖合同纠纷案件适用法律问题的解释(2020修正)》已删除该条款，但是并不意味着否定该条规则。

赵云买房的需求有事实基础。

赵云通过房屋中介公司得知张生出售诉争房屋的信息，并查看了房屋，第一次因无法进入诉争房屋，查看楼下同户型的房屋是为了了解拟购房屋格局的变通选择，并且是在房屋中介公司的带领下，并无不妥。赵云购买张生的房屋时，去查看了该房屋，傅莺莺长期居住在诉争房屋内，赵云查看张生的房屋时有很大可能遇到傅莺莺并向其了解情况，但赵云看房时，傅莺莺未在屋内，要求赵云作为一个购房者，对于傅莺莺未在场的理由严格进行核实明显过于苛刻；赵云查看房屋时，对于主卧室上锁未能予以查看提出异议，但张生的解释可以让人相信，且由于赵云查看了同户型的房屋，对房屋格局已有所了解，出于礼貌未再要求查看主卧室的解释并未背离常理。

其次，赵云购买诉争房屋的价格与张生出售房屋的价格基本一致，交易价格符合正常的市场交易价格，赵云已支付全部购房款，赵云与房屋中介公司签订居间合同，亦给付10万余元的居间费，赵云购买房屋的流程完全符合正常的购买房屋的流程。综上，赵云作为普通购房人，审查了房产证，相信中介公司的审核结果，亦实际查看了房屋，给付了全部购房款与中介费，购房过程不存在严重违反交易习惯的情形。

综上，二审法院认为赵云购买张生与傅莺莺的房屋是其真实意思表示，傅莺莺提出的赵云与张生恶意串通的事实存在可能性的证据，未达到高度盖然性的证明标准，因此，法院不能认定赵云与张生之间存在恶意串通。同时，赵云购买张生的房屋并向张生支付了相应的对价，并未损害傅莺莺的实际利益。傅莺莺主张赵云购买张生的房屋存在恶意串通，损害其利益的依据不足，故其主张合同无效的依据不足。二审法院撤销了一审法院的原审判决，驳回傅莺莺要求确认房屋买卖合同及居间合同均无效的诉讼请求。

法理分析

（一）合同无效的相关规定

合同无效是指合同因欠缺法定生效要件而受到法律的否定性评价，不能被赋予国家法律层面上的效力的一种状态。

《民法典》第一百五十四条规定："行为人与相对人恶意串通，损害他人合法权益的民事法律行为无效。"本案傅莺莺主张合同无效的依据是恶意串通。恶意串通既可以是明示的表示，表现为双方当事人事先达成协议，互通讯息共同作为；也可以是默示的由一方当事人作出意思表示，另一方当事人明知其意图而默示接受，具体行为上可以是双方当事人互相分工配合，也可以是共同实施某一行为，客观上必须损害国家、集体或第三人的利益。但本案中赵云与张生之间并无事先串通的意思表示，也没有一方明知对方意图而做出的行为，因此，事实上双方并无恶意串通的行为。

（二）共有人擅自出售房屋不导致房屋买卖合同无效

《最高人民法院关于审理买卖合同纠纷案件适用法律问题的解释》原第三条第一款规定："当事人一方以出卖人在缔约时对标的物没有所有权或者处分权为由主张合同无效的，人民法院不予支持。"在买卖合同法律关系中，买卖合同是物权变动的原因行为，所有权转移是物权变动的结果。出卖人在缔约时对标的物没有所有权或者处分权，并不影响作为原因行为的买卖合同的效力。

因此，本案中，傅莺莺以张生无权擅自出售房屋为由主张房屋买卖合同无效，并不符合法律规定，其以此判断张生与赵云之间存在恶意串通的行为，事实依据也不足，因此，其主张不能得到支持。

知识拓展

（一）当事人主张恶意串通要考虑证据的证明标准

《最高人民法院关于适用〈中华人民共和国民事诉讼法〉的解释》第一百零九条规定："当事人对欺诈、胁迫、恶意串通事实的证明，以及对口头遗嘱或者赠与事实的证明，人民法院确认该待证事实存在的可能性能够排除合理怀疑的，应当认定该事实存在。"

有学者主张针对不同的证明对象和待证事实对盖然性程度进行量化，区分为初级盖然性、中级盖然性和高级盖然性，高级盖然性表明事实几乎如此。对于恶意串通事实的证明，甚至要高于高度盖然性的证明标准，直至接近或达到排除合理怀疑的程度。

（二）恶意串通存在双方共同作为的情形，也存在相互配合的行为

《民法典》第一百五十四条规定，行为人与相对人恶意串通，损害他人合法权益的民事法律行为无效。

恶意串通为主观因素，是指当事人双方具有共同目的，希望通过共同的行为损害他人合法权益。一般表现为双方当事人事先达成协议，共同作为；也可以表现为一方当事人作出意思表示，对方当事人明知其目的非法，而以默示的方式配合完成。恶意串通既可以是双方当事人相互配合，也可以是双方当事人共同作为。

普法提示

随着人民生活水平的提高，越来越多的人渴望改善居住环境，但新建楼盘的位置越来越偏远，并非大多数购房人的首选，因此，二手房交易越来越多。虽然二手房交易方便了人们的需要，但同时二手房交易的风险和陷阱也越来越多，为了避免交易双方产生损失，买房人在购房签约的过程中，一定要擦亮双眼，避免二手房交易风险。

在此提醒买房人在买房时要注意审查以下内容：

（一）房屋手续是否齐全

房产证是证明房主对房屋享有所有权的唯一凭证，在交易之前一定要审查房产证，以确定售房人是否有权出售房屋，同时也可以查看该房屋是否存在抵押。

（二）要了解房屋是否存在共有权人

结合本案，赵云在购房时了解到张生有配偶，但并未深入了解张生配偶傅莺莺是否同意出售房屋，以至于傅莺莺怀疑赵云与张生之间存在恶意串通的嫌疑产生纠纷，买了多年的房屋无法入住。

因此，一定要全面了解房屋的所有权情况，如果有共有人，在签约前一定要和所有的共有权人达成一致意见，需要所有的共有权人同意售房才可以签订合同，避免共有权人之间产生分歧，导致房屋无法交易成功。

现在也有卖房人持有房屋所有权人签名的委托出售的授权手续将房屋进行出售，购房人应当要求房屋所有权人本人出面表示真实的出售房屋的意思表示，以确保房屋买卖合同签订后能够顺利履行。

（三）购房人应当对所选房屋进行勘验

从选房到决定购房，如果未了解所购房屋的具体情况，包括房屋的位置、面积、朝向、户型，那么这样的买卖房屋行为很难让人相信是真实的，因为这不符合购买商品的一般规律，很容易引起人们的合理怀疑。毕竟买卖房屋的交易行为相对于现阶段人们的生活水平而言，是人生重大决定之一，是需要购房人相当谨慎才能做出决定的行为。

因此，购房人的交易行为一定要符合正常的房屋交易流程，包括房屋所有权证的查验、共有人的核实、房屋价格是否符合市场正常水平以及房屋的勘验，避免引起他人的合理怀疑，产生纠纷甚至诉讼，影响到自己的实际生活，甚至造成不必要的损失。

案例二 | **"阴阳合同"的效力**
——规避国家税收政策的合同效力认定

曹华[①]

案情回顾

近几年，随着房屋价格的上涨，二手房交易中"阴阳合同"的现象大幅增多，"阴阳合同"价款的约定通常意在规避国家税收政策，当双方正常履行合同，出卖人对价款无异议时，买卖双方可能按较低价格成功办理网签备案，实现避税目的；但当履行发生争议，通过诉讼经法院判决过户、执行时，无论网签与否，网签价格是否与实际成交价格一致，房屋的价款均须以实际成交价格为准，以此完成过户手续并缴纳税费，就失去了避税空间。请看以下案例。

2016年8月31日，宋小倩（出卖人）与谷小华、范小迪（买受人）签订《北京市存量房屋买卖合同》约定：出卖人所售房屋位于北京市丰台区某某路811室；该房屋规划设计用途为酒店，成交价格为68万元，家具、家电、装饰装修及配套设施设备等作价为102万元，上述价款买受人一并另行支付给出卖人；本次交易应缴纳的所有税费由买受人承担；另对定金支付、房屋交付、过户等事项予以约定。当日，双方另签订《全款付款方式补充协议》约定：该房屋按套计价，成交总价包括房屋成交价格和房屋家具、家电、装饰装修及配套设施设备等作价总计170万元，此价格为出卖人净得价，不含税。后涉案房屋过户登记至谷小华、范小迪名下。

上述合同签订后，谷小华、范小迪依约支付了5万元定金，后双方产生争议，谷小华、范小迪将宋小倩诉至法院，要求其继续履行合同，将涉案房

---

① 北京市第二中级人民法院民事审判第一庭法官助理。

屋交付并过户。法院于 2017 年 2 月 15 日作出民事判决书，判决谷小华、范小迪支付剩余房款 165 万元，宋小倩将涉案房屋交付并过户至谷小华、范小迪名下。宋小倩不服一审判决提起上诉，后撤诉，该一审判决书生效。后谷小华、范小迪申请执行该判决书，2017 年 8 月 3 日，法院作出裁定书，裁定涉案房屋过户登记至谷小华、范小迪名下。8 月 8 日，谷小华、范小迪缴纳了 5.1 万元契税。8 月 18 日，宋小倩缴纳了 165169.32 元个人所得税，缴纳了土地增值税、地方教育附加、教育费附加、城市维护建设税、增值税等税费合计 143904.47 元，支付迟延缴纳增值税、城市维护建设税、土地增值税及个人所得税的滞纳金合计 1378.44 元。

宋小倩向法院起诉，要求谷小华、范小迪向其支付其垫付的税费 310452.23 元，并按同期银行贷款利率标准支付自 2017 年 8 月 17 日至实际支付之日的利息。

谷小华、范小迪辩称其方在合同中承诺的"买方缴纳全部税费"系基于房屋价格 68 万元，而非宋小倩违约后 170 万元的房屋价格。合同并非"阴阳合同"，而是三方合同，第三方为中介公司，应当由中介公司承担操作违规的责任。

一审法院经审理认为，房屋买卖过程中依法应缴纳的税费，双方可通过合同约定分担。本案中，合同约定买方承担全部交易税款，卖方净得价为 170 万元，宋小倩称其方仅关注净得价 170 万元，即使避税亦为买方获益。谷小华、范小迪是合同约定的税款负担方，应对己方的税费成本予以审慎关注核实，谷小华、范小迪起诉要求继续履行合同，办理过户，应当知晓交易价格为 170 万元，亦应知晓合同约定税费由买方全部承担的后果和风险，应当按合同约定负担全部税费。宋小倩作为法定缴税义务人，在谷小华、范小迪未按合同约定配合缴纳税款时，为防止滞纳金累计损失而垫付税费，有权要求谷小华、范小迪按合同约定支付垫付款项，故法院对宋小倩要求谷小华、范小迪支付税费之诉讼请求予以支持，利息根据银行同期存款利率计算。

案件判决后，谷小华、范小迪提起上诉，二审法院维持了一审判决。

法理分析

关于本案，有几个问题需要进一步解释。

（一）"阴阳合同"的效力问题

首先，我们需要了解合同生效的要件。合同生效的要件有三个：一是行为人的民事行为能力符合所订立的合同；二是所订立合同系双方真实意思表示；三是合同内容确定且不违反法律或者社会公共利益。

在意思表示方面，本案任意一方均不存在欺诈、采取胁迫的手段、乘人之危等使对方在违背真实意思的情况下订立合同的情形，本案缔约双方的意思表示均是真实的。

那么，本案的合同订立是否违反法律或者社会公共利益呢？如前所述，"阴阳合同"意在避免多交税款，未违反法律或者社会公共利益。

因合同价格偏离正常交易价属于利用税收规则所进行的合理避税，其效力应仅局限在行政管理领域，规制约束效果不可延伸到民事交易领域对民事合同进行法律评价，故而不应以税收规定来评价交易的合法性。而就民法理论而言，强制性规定分为效力性强制规定与禁止性强制规定，判断的一个重要标准就是为达到强制性规定所追求的目的，是否有必要使该合同无效，如果通过事后处罚可以实现该强制性规定目的，则无须使合同无效。因此，法律有关纳税的规定不属于效力性强制规定。鉴于可以通过补缴和惩罚措施实现征税目的，则没有必要以此为由否定网签合同效力。即使严格按照恶意串通损害国家利益来界定合同价格条款，亦仅应使合同价格条款无效，不能影响整个合同的效力。

因此谷小华、范小迪与宋小倩双方签订的《北京市存量房屋买卖合同》系双方当事人真实意思表示，且未违反法律法规的强制性规定，应属合法有效，双方均应依约履行义务。

（二）"阳合同"价格条款效力问题

关于"阳合同"价格条款的效力问题，我们可以直接适用"通谋虚伪表示"的效力分析。《民法典》第一百四十六条规定了"通谋虚伪表示"规则："行为人与相对人以虚假的意思表示实施的民事法律行为无效。以虚假的意思表示隐藏的民事法律行为的效力，依照有关法律规定处理。"目前，大陆法系国家和地区普遍将"通谋虚伪表示"认定为无效，其无效的理论根源来自当事人之间的"合意"，即双方当事人的真实意思表示。德国学者卡尔·拉伦茨非常精确地指出通谋虚伪表示行为是"表意人和表示的受领人一致同意表示事项不应该发生效力，亦即双方当事人一致同意仅仅造成订立某项法律行为的表面假象，而实际上并不想使有关的法律行为的法律效果产生"。因此，认定通谋虚伪表示行为不具有法律效力，是出于对当事人自由意志的尊重，是双方当事人的"合意"使虚伪表示行为无效，体现了民法意思自治的理念。"阳合同"价格条款是买卖双方为了规避税费或多获贷款而虚构的房屋价格，并不是当事人的真实意思表示，因此该条款无效。

关于"阳合同"其他条款的效力问题，比如交房时间、违约责任、纠纷解决等条款，由于不是当事人的虚假意思表示，其效力不能依照"通谋虚伪表示"认定为无效。根据《民法典》第一百五十六条"民事法律行为部分无效，不影响其他部分效力的，其他部分仍然有效"的规定，其他条款不因价格条款无效而无效，其效力应单独认定，在没有违反法律强制性规定的情况下，其他条款应为有效。综上，房屋买卖"阳合同"的效力应采取"部分无效说"，即价格条款无效，其他条款有效。

（三）房屋真实的交易价格如何认定？

本案双方在合同中约定成交价款为68万元，102万元为房屋家具、家电、装饰装修及配套设施设备作价，卖方净得价为170万元，此种约定为房屋交易签约的常见样态，正如本案中谷小华、范小迪所述，如正常履约则网签价格应为68万元，此系通常所述的"阴阳合同"约定，谷小华、范小迪所述在网签合同中约定的价格条款 68 万元系无效条款，应以实际成交价 170 万元为准。

（四）税费如何负担？

此类阴阳价款的约定通常意在规避国家税收政策，当双方正常履行合同，出卖人对价款无异议时，买卖双方可能按较低价格成功办理网签备案，实现避税目的；但当履行发生争议，通过诉讼经法院判决过户、执行时，无论网签与否，网签价格是否与实际成交价格一致，房屋的价款均须以实际成交价格为准，为此完成过户手续并缴纳税费，就失去了避税空间。因此合同约定的税款负担方，应对己方的税费成本予以审慎关注核实，亦应知晓合同约定税费全部承担的后果和风险，按合同约定负担全部税费。

知识拓展

通过以上介绍，我们对"阴阳合同"有了基本了解。接下来让我们再深入了解一下与"阴阳合同"相关的知识。

（一）"阴阳合同"产生的原因

一方面是相关政策不够明确。当前，各地出台的房地产调控政策中，特别是《存量房屋买卖合同》示范文本中，大多没有明确二手房装修款及家具家电等附属设施补偿款是否应计入房屋交易总价中申报纳税，给房产中介和当事人通过签订"阴阳合同"逃税留下了操作空间。另一方面是利益诱惑。房产交易主体是自然人，税款多少关系到每个人、每个家庭的切身利益，且房产交易多为一次性行为，而自然人一般纳税意识比较薄弱，普遍存在估计不会发现，没发现就赚了，即使发现了大不了补税的侥幸心理，在自身利益驱动和不良房产中介的诱惑下，很容易铤而走险签订"阴阳合同"做出与税法相违背的举动。

（二）"阴阳合同"的危害

一方面损害了国家利益。当前，不少人认为二手房交易签订"阴阳合同"是"合理避税"。这种观点是错误的，"合理避税"的前提是不违法，但"阴阳合同"是故意隐瞒、弄虚作假，通过虚报过低价格达到逃税的目的，显然是违法的。其严重扰乱了正常的税收秩序，破坏了依法、公平、公正的纳税环境，损害了国家的合法利益，也削弱了税收对房地产市场进行调控的政策效果。另一方面不能保障当事人自身的权益，交易双方都存在极大风险。"阴阳合同"违反了国家税收法律法规，一旦被查出，买卖双方不仅要补缴税款，还要接受税务机关的罚款。如达到一定条件，当事人还有可能要承担刑事责任。同时，"阴阳合同"还极易产生合同纠纷，当房屋价格出现波动时，一方当事人如果以"阴阳合同"为由，通过宣告合同无效等诉讼方法试图终止交易，将导致合同无法如约履行。

（三）"阴阳合同"的形式

从形式而言，"阴阳合同"的双方当事人通常就房屋交易订立两份价款存在明显差额或者履行方式存在差异的、内容不相同的书面合同。一份对内，一份对外，其中对外的一份并不是双方真实意思表示，作了登记、备案等公示，并通过证明书、承诺书等形式明确登记、备案，该合同仅用于登记、备案而不作实际履行，合同目的是逃避国家税收等；对内的一份则为双方真实意思表示，是双方实际履行的合同，可以是书面或口头，仅由双方当事人持有。

（四）"阴阳合同"的签订

"阴阳合同"的签订主要在房地产经纪机构和房地产经纪人员协助下完成。税务机关征收税款的依据为经纪机构进行网上签约备案的合同报价。新《房地产经纪管理办法》对房地产经纪机构和房地产经纪人员行为的监管和惩处，在一定程度上可以遏制"阴阳合同"。但有些中介机构还是会在利益驱使下，收取高额代办费，铤而走险，所以"阴阳合同"现象还是难以杜绝。

（五）"阴阳合同"的效力

对"阴阳合同"的效力认定目前主要有四种观点。第一种观点认为，"阳合同"有效，"阴合同"无效，因为"阳合同"经过相关行政部门的备案。第二种观点认为，"阳合同"无效，"阴合同"有效。因为"阴合同"是当事人双方的真实意思表示，而且又是实际履行的合同；"阳合同"不是当事人双方的真实意思表示，而且没有得到实际履行。第三种观点认为，"阳合同"和"阴合同"同时有效，引入合同变更的理论，当两份合同内容冲突时选择适用后签订的合同。第四种观点认为，"阳合同"和"阴合同"同时无效。因为，"阴阳合同"是当事人通过恶意串通签订的，损害了国家、集体或者第三人的合法权益。笔者认为不应绝对地认定"阴合同"无效、"阳合同"无效或"阴阳合同"均无效。违反《民法典》第一百五十四条"行为人与相对人恶意串通，损害他人合法权益的民事法律行为无效"规定的合同必然无效，但不同情况要不同处理，也可能是合同部分条款无效。

（六）"阴阳合同"的履行

房屋买卖过程中，买卖双方因规避税收征管、骗取贷款等原因签订多份买卖合同的情况非常普遍，各份合同中关于房屋价款、履行方式等约定也不一致，其中有的属于通谋虚伪意思表示的合同，也有的是买卖双方的真实意思表示，属于双方实际履行的合同。当事人就履行哪份合同发生争议的，依据合同自由的原则，应当依据当事人真实意思表示的合同约定继续履行。

（七）杜绝"阴阳合同"的举措

一是防止拆分项目逃税。针对买卖双方为了少缴税款，将房屋成交价格拆分为净房屋价格和装饰装修等价格的情况，建议修改《存量房屋买卖合同》示范文本，明确二手房的附属设施、家具家电、装饰装修等有关价款应全部包含在房屋成交价内，即二手房按总价计税，堵塞通过"阴阳合同"拆分项目、蓄意减少应税金额而逃税的漏洞。二是实施联合惩戒。税务机关应经常与住建等部门开展联合检查，一旦发现房地产经纪机构和房地产经纪人员有为交易当事人签订"阴阳合同"提供便利、非法规避房屋交易税费的行为，严格按照《房地产经纪管理办法》等相关制度规定实施联合惩戒，对房地产经纪人员和房地产经纪机构处以罚款。

普法提示

近年来，随着经济发展和政策变动，二手房屋交易数量增多的同时，网签合同和实际合同不一致产生的"黑白合同"或称"阴阳合同"现象也日益增多，针对以上的讲解，结合房屋买卖的特点，提出以下几点建议：

（一）诚信签订买卖合同

房屋买卖合同签订标的比较大，涉及钱财较多，因此，在签订房屋买卖合同之初，我们就需要对合同对方有一定的了解，如支付能力等。信任是一切社会良好关系的基础，也是人与人相处的基础。我们应秉着诚实信用的原则进行签约，积极履行合同。

（二）"阴阳合同"签不得

"阴阳合同"可能会带来行政处罚风险，一旦被人告发，或者在诉讼阶段中，法院会给税务机关发函，此时将会被税务机关追缴税款，数额比较大或者情节严重的还可能会有高额罚款，原本想少交钱，最后却交了更多钱。

（三）认真阅读、理解合同

随着社会节奏的不断加快，房屋买卖合同多是由中介机构提前拟定的，我们在签订合同的时候就需要慎之又慎，认真阅读合同的每一个条款，尤其是限制自己权利的相关格式条款，与合同相对方沟通，保证签署的合同条款是自己理解、接受并且能够履行的。对于限制自己权利的格式条款，需要在签订合同时要求合同相对方说明，商谈清楚。

（四）积极保存签约证据

一般来说，在房屋买卖合同纠纷中，卖方属于强势群体，买方作为弱势群体要注重证据材料的保全。如注意保存好签约合同、交费凭证、各种须知和服务承诺等，以便发生纠纷时能够证明自己的主张。

（五）积极理性沟通

若对房屋买卖合同中个别条款不满意，买卖双方要积极沟通，合理调整合同履行方式，避免纠纷的产生。如果认为一方确实存在恶意违约、不当经营情况的，可先行协商解决，如协商不成，可通过诉讼解决纠纷。

随着新房存量日益减少，二手房交易将成为市场主流，网签合同和实际合同不一致现象会给国家行政管理带来障碍，且不利于市场秩序稳定。对于当事人在房屋买卖中确实存在规避税收征管、骗取贷款等行为的，法院在必要时可一并建议相关行政主管部门予以处理。希望广大读者能认识到，在实践中，"阴阳合同"危害大、签不得。

案例三 **解除房屋抵押责任归属**
——房屋买卖合同签约时注意事项

曹华[①]

案情回顾

近年来，北京市房地产价格一路攀升，源于"看涨不看跌"的购房心理与一线城市的区位优势，北京市房地产销售市场也行情火爆且持续升温。值得注意的是，房地产交易量激增的同时也引发了大量房屋买卖合同纠纷案件，那么应该如何签订房屋买卖合同以避免纠纷的发生呢？请看以下案例。

2014年6月28日，甲方（出售人）崔小明、乙方（购买人）何小丽、丙方（居间人）安家公司签订《居间服务合同》。

2014年6月28日，甲方、乙方在丙方居间下签订《北京市存量房屋买卖合同》及《补充协议》，其中《北京市存量房屋买卖合同》约定：甲方将103号房屋售给乙方，房屋已设定抵押，甲方应于2014年7月30日前办理抵押注销手续。《补充协议》约定：（1）乙方支付垫资费1.4万元整，甲方支付垫资费3.8万元整；垫资期超过3个月以后的费用由甲方支付，多退少补。另外，由于首付款用于甲方解押，资金监管费用由甲方承担，监管费用比例为0.5%。（2）乙方于2014年6月28日支付第一笔定金5万元整并且于2014年7月1日支付另一笔定金45万元整，所有定金冲抵乙方购房首付款。本协议与《北京市存量房屋买卖合同》《居间服务合同》《房屋交易保障服务合同》约定不一致的，均以本协议为准。

另查：甲方崔小明、乙方何小丽、丁方担保公司签订《房屋交易保障服务合同》约定，丁方按照房屋交易总额的0.343%收取保障服务费，共计

[①] 北京市第二中级人民法院民事审判第一庭法官助理。

8750元，由乙方承担并于该合同签订当日向丁方一次性支付。

2014年6月28日，何小丽向崔小明支付定金5万元、垫资费4000元。

2014年6月30日，何小丽向安家公司支付居间代理费5.61万元。

2014年7月1日，何小丽向崔小明支付（定金）购房款45万元。

2014年8月，何小丽与崔小明以及安家公司工作人员曾多次协商合同继续履行或者解除合同的问题，但最终未达成一致意见。

2014年8月21日，何小丽将崔小明、安家公司诉至法院，提出诉讼请求：1.解除何小丽与崔小明、安家公司签订的《北京市存量房屋买卖合同》及《补充协议》；2.判令崔小明返还定金50万元及垫资费4000元；3.判令崔小明赔偿中介费损失6.635万元及违约金38.76万元（按每日总房价款225万元的万分之五计算，主张自2014年8月1日起计算至实际返还50万元定金之日止，暂计算至2015年6月4日）；4.安家公司对上述三项请求承担连带责任；5.本案诉讼费由崔小明、安家公司承担。

崔小明反诉请求：1.判令解除崔小明与何小丽签订的《北京市存量房屋买卖合同》及《补充协议》；2.判令何小丽向崔小明支付违约金51万元；3.本案诉讼费用由何小丽承担。

一审法院经审理认为，何小丽与崔小明在安家公司居间下签订的《北京市存量房屋买卖合同》及《补充协议》系双方当事人真实意思表示，其内容并不违反法律、行政法规的强制性规定，应属合法有效。

现何小丽请求解除与崔小明之间的房屋买卖合同关系，崔小明表示同意并在反诉中亦请求解除合同，可见双方继续履行合同的基础已不存在，故对双方要求解除合同的请求，法院予以支持。

根据三方签订的《补充协议》约定，崔小明应于2014年7月30日之前办理完毕涉案房屋抵押解除登记手续，何小丽支付首付款50万元的义务在后。按照合同约定及交易习惯，办理房屋解押登记手续应为出卖人崔小明的义务，垫资解押只是办理解押登记的方式之一，垫资解押未能办理并不能免除崔小明的解押义务。因此，崔小明未能在合同约定的期限内办理涉案房屋的解押登记手续，违反了合同约定，应当承担全部的违约责任。

安家公司基于房屋解押而加收的10%居间代理费应以赔偿损失的方式退还给何小丽。何小丽已交纳的剩余居间代理费可作为中介费损失向崔小明主张赔偿。

基于以上分析，崔小明基于合同取得的50万元定金及4000元垫资费没有合同及法律依据，应返还给何小丽。安家公司不予退还的居间代理费系何小丽的损失，亦应由崔小明赔偿。而对于何小丽所支付的保障服务费及评估费，系由担保公司收取，是否实际构成损失尚不能确定，故对何小丽主张崔小明赔偿该部分损失的诉讼请求，法院暂不予支持。对此，何小丽可依法另行解决。

关于何小丽要求崔小明按照合同约定赔偿违约金的主张，符合合同约定的情形，法院应予支持。但是，因崔小明提出了计算标准过高的抗辩意见，法院将根据利益平衡原则及诚实信用原则，结合当事人过错程度、违约责任性质、合同履行状况以及何小丽实际损失、预期利益损失等因素，综合予以酌定。而崔小明要求何小丽承担逾期付款违约金的反诉请求缺乏事实依据，法院不予支持。

综上所述，一审法院判决：（1）解除何小丽与崔小明、安家公司于2014年6月28日签订的《北京市存量房屋买卖合同》及《补充协议》；（2）崔小明于本判决生效后7日内返还何小丽定金50万元、垫资服务费4000元，以上共计50.4万元；（3）安家公司于本判决生效后退还何小丽中介费5100元；（4）崔小明于本判决生效后7日内赔偿何小丽违约金11.5万元、中介费损失5.1万元，以上共计16.6万元；（5）驳回何小丽的其他诉讼请求；（6）驳回崔小明的其他反诉请求。后崔小明、安家公司不服提起上诉，二审法院驳回上诉，维持原判。

法理分析

关于本案，有几个问题需要进一步解释。

(一)诉争房屋的解押义务应由谁负担?

根据《补充协议》约定,崔小明应于2014年7月30日之前办理完毕涉案房屋抵押解除登记手续,何小丽应于银行解押当日支付第一笔首付款50万元。崔小明主张何小丽的付款义务在先,且该笔首付款系用于办理解押手续,但从上述合同约定中无法得出何小丽付款义务在先的结论,且崔小明认可诉争房屋尚欠银行贷款120万元,与其申请的垫资额度一致,故其主张的何小丽需要先支付50万元用于解押存在矛盾之处。按照合同约定及交易习惯,办理房屋解押登记手续应为出卖人崔小明的义务,垫资解押只是办理解押登记的方式之一,垫资解押未能办理并不能免除崔小明的解押义务。因此,崔小明未能在约定的期限内办理涉案房屋的解押登记手续,违反了合同约定,应当承担违约责任。

(二)买方何小丽是否具有导致合同无法履行的违约行为?

崔小明与安家公司均主张何小丽未足额支付垫资服务费并在2014年7月15日明确表示不再履行合同,应当承担违约责任。虽然三方在《补充协议》中提及了垫资抵押的问题,并对办理房屋解押登记手续垫资费的负担主体及数额作出了约定,但并未明确约定上述垫资费的付款对象、具体支付方式及期限。按照交易习惯,垫资费应当向提供垫资服务的一方交纳,但作为解押义务人的崔小明并未支付服务费,何小丽支付的部分服务费却支付给了崔小明,正是由于上述约定不明导致了后续争议的产生,何小丽并不存在违约责任。对于崔小明与安家公司主张的何小丽单方解除合同构成违约的情况,因双方关于贷款、垫资费等事项产生争议,导致合同履行产生障碍,因此双方就此多次进行沟通,但崔小明提供的录音证据并不能直接证明何小丽明确作出了解除合同的意思表示,故不能据此认定何小丽构成违约。故崔小明在合同解除后应当返还收取的定金及垫资费,并赔偿相应的居间代理费损失。由于本案诉争合同解除系由崔小明的违约行为导致,其应当承担相应的违约责任,原审法院根据案件实际情况及崔小明的主张对违约金进行酌减处理并无不当，二审法院予以确认。崔小明上诉主张何小丽承担违约责任的请求缺乏事实依据，二审法院不予支持。

（三）中介公司责任问题

关于安家公司在本案中的责任问题，主要应根据其在合同中的地位和义务予以确定。安家公司作为买卖合同居间方，其主要义务系提供交易信息，促成双方房屋买卖合同的签订，本案中安家公司的基本居间义务已经完成，不存在明显瑕疵。但由于诉争房屋存在抵押，无法正常交易，故安家公司同意向崔小明提供垫资进行解押，虽然崔小明、何小丽系与担保公司签订垫资协议，但安家公司是该担保公司的唯一股东，二者具有关联关系。安家公司在此过程中由于不规范操作引发纠纷，理应承担一定的责任。原审法院判决其退还因诉争房屋存在抵押而加收的10%居间服务费正确，二审法院予以确认。同时需要指出的是，对于何小丽一方提出的安家公司违规提供金融产品服务的问题，应当由相关主管部门对此行为作出认定，本案的处理结果并不影响主管部门对安家公司上述行为的认定。对于何小丽主张的保障服务费等，系由担保公司收取，何小丽可依法另行解决。

知识拓展

通过以上的介绍，我们对房屋买卖合同条款带来的违约有了基本的了解。接下来我们再深入了解一下与房屋签约相关的知识。笔者希望通过对二手房买卖合同的粗浅剖析，教会大家如何正确签订合同，达到防患于未然的目的。

（一）签订合同前注意事项

1. 核对《房屋所有权证》

核对《房屋所有权证》上的房屋所有权人姓名与卖方的身份证信息是否一致，核对"房证"与"契税完税凭证"记载的信息是否一致。仔细核对上述信息可以尽量避免无处分权人擅自出售父母、兄弟姐妹或朋友的房屋等情形的发生。

2. 核实共有情况

如果事先未查明房屋"共有情况"就签订房屋买卖合同,很可能发生夫妻一方未经对方同意而擅自出售房屋的情况,从而引发不必要的争端。但是一些时间比较久的"老房证"上并未记载房屋产权的共有情况,需要亲自核实。如果该房屋是"共同所有",买方一定要调查清楚全体共有权人是否都同意出售此房屋。

3. 查明按揭或抵押情况

要仔细审查该房屋是否存在按揭贷款尚未还清或者抵押给第三人的情形,是否存在被司法机关查封等限制过户的情形。若该房屋有贷款尚未还清,买家是无法办理过户手续的,只有在偿还了全部贷款并解除抵押的情况下才能过户。如果买方在房屋不能过户的情况下先交付了房款,将面临"房屋无法过户"或者"一房二卖"的法律风险。

4. 确认房屋租赁情况

很多买方都比较重视房屋过户、交付等重要问题,而往往忽略一些细节问题。如果该房屋存在租赁给他人使用的情形,极有可能出现买方买到了房子却无法入住的局面。原因在于"买卖不破租赁"原则,简而言之就是:"房屋的所有权发生转移后,原承租人仍可继续在租赁期限内使用该房屋,而买方无权要求承租人搬出去。"再加上卖方出售该房屋时,原承租人还享有在同等条件下的"优先购买权",如果处理不当,极易引发不必要的纠纷。

(二)签约过程中注意事项

1. 核对双方基本信息

在签订房屋买卖合同时应要求所有房屋共有人到场,如果有特殊情况确实不能到场,可以要求其代理人出具授权委托书。如果父母以未成年子女名义购房,由于未成年人是限制民事行为能力人,不能以自己的名义单独签订房屋买卖合同,此时需要法定代理人与其共同签署。

2. 核对房屋基本状况

房屋的基本状况主要包括：房屋的坐落位置、房屋所有权人、所有权证书编号、规划用途和建筑面积等信息与房产证记载内容是否一致。

3. 明确税费负担

房屋交易所产生的税费由双方共同承担还是各自承担需要明确。相关税费主要是指契税、交易费、营业税和个人所得税等。现实生活中普遍存在因税费约定不明而导致的纠纷，所以税费由谁承担一定要约定清楚。

4. 查清物业费、水电费等

一定要查明该房屋是否有拖欠物业费、水电煤气费等费用的情形，而不能轻信房主一面之词。一方面，买卖双方可以明确约定，在办理房屋交接手续前该房屋发生的水电煤气费、物业费、供暖费、有线电视收视费、宽带费等各项费用由卖方承担，而交接完毕后发生的费用由买方承担（具体细节可以自行协商）。另一方面，一定要在交付房款时预留尾款，以防止卖方有陈欠。

5. 注意户口事项

一定要查明该房屋是否存在户口迁出的问题，如果存在需要户口迁出的情况时，一定要明确约定该户口迁出的期限和违约责任。如果买卖双方在合同中对于户口的迁出问题没有明确约定，一旦发生户口迁出的纠纷后，报警和起诉都不能直接解决问题。因此，一方面，可以直接去当地派出所查询交易房屋的户籍状况；另一方面，可以约定户口迁出的期限和户口无法按期迁出时的违约责任。这样，发生纠纷时可以卖方违约为由，向法院提起民事诉讼，法院对此予以受理。

6. 违约条款

对于合同违约行为，买卖双方一定要明确适用的违约责任，否则合同内容约定得再详细、再明确都是徒劳。

对前文所述的税费问题、延期付款、延期办理房证、房屋质量、延期交房等细节问题或者因卖方隐瞒事实致使合同无法履行等问题，都要事先约定"违约的处理方式"和"违约责任的承担方式"，以便日后维护自身的合法权益。

7. 合同尾部

买卖双方签章和捺手印要确保清晰，禁止代签代捺。买卖双方的地址和联系方式要填写完整。要准确填写合同签订的具体日期。

（三）签约后注意事项

1. 标准及清单

要将房屋的装修情况、附属设施、家电设备、家具等留存物品都在合同附件清单中详细列出，千万不要图省事。如果买卖双方仅是在合同中约定"保持房屋原样进行交付"，这样的约定太过于模糊，往往很难起到保障作用。

2. 勿轻易交付

如果卖方提前交房，一旦出现买方无法过户等情形，双方很可能会产生纠纷。俗话说：请神容易送神难，打算提前交房的卖方，最好权衡一下利弊再做决定。

普法提示

近年来，二手房买卖纠纷频发，上述签约提示能帮助我们躲避签约时常出现的"坑"，与此同时，很多家长反映学区房也有诸多法律纠纷，综合上述签约提示，下面我们来谈谈购买学区房应该注意哪些问题。

顾名思义，"学区房"是归属于一些教学质量好、水平高的中小学学区地段的房产。

（一）确认是否属于学区房

确认所购房屋是否属于入读学校的学区房，有时候所购房屋虽然与学校仅一墙之隔，但不一定是"学区房"。不能轻信卖方或者中介关于"学区房"的口头承诺，也不能仅凭距离远近就判断其是否属于"学区房"，最好实地考察一番，亲自咨询一下想要入读的学校。

（二）了解落户时间

家长们有必要在购房之前到想要入读的学校详细询问落户的年限、入学的年限、同一套房的名额标准等问题，确定自己的购房条件和学校入学要求相吻合，此外还要咨询学校有没有充足的名额可以让孩子入学等，确保买得安心、住得放心。

（三）户口迁入迁出

一定要对所购房屋的户口迁入迁出问题高度重视。"学区房"不同于一般的房屋，如果孩子户口无法迁入，那么孩子的名校梦就只能在梦中实现了。

（四）违约条款约定

要将卖方对"学区房"的承诺写进合同中，并约定好违约责任。一旦发生纠纷，可以依据合同条款进行诉讼，否则空口无凭。

案例四 **共有人擅自卖房，买房人怎么办？**
——房屋共有人意愿对合同履行的影响及责任分担

吴京竞[①]

在二手房买卖纠纷中，因房屋共有人不同意卖房而引发的争议十分常见。有时是因为一方擅自卖房，共有人对此并不知情；有时是因为房屋价格波动，共有人事后假借并未同意而拒绝履行合同。这就需要买受人在签订合同前审慎审查是否存在共有人、共有人意愿如何，在发生争议时，通过合法途径保护自己的利益。

案情回顾

2017年1月6日，买房人赵东东与卖房人李雷通过中介公司签订《北京市存量房屋买卖合同》，对房屋的价款、交付、解除抵押登记、权属转移登记、违约条款等进行了约定。涉案房屋的产权人登记为李雷和韩梅梅二人，二人各持有一本房产证。合同约定出售方李雷保证其本人、共有权人韩梅梅同意出售房屋，且保证代理人已获得合法授权出售房屋。如果因此导致合同无效或者不能履行，买受方有权解除合同，出售方应退还已收房款，并承担违约责任及全部赔偿责任。上述合同及附件中出卖人李雷和韩梅梅的名字均为李雷所签，李雷另在代理人处签字。合同签订后，赵东东支付了10万元定金给李雷。后因为韩梅梅不同意卖房，不配合办理解除抵押手续，合同无法履行，赵东东将李雷、韩梅梅诉至法院，要求解除合同，返还定金，赔偿违约金。李雷辩称其未经韩梅梅同意处分共有房屋，合同无效，不应承担违约责任。

在法院审理过程中，赵东东认可韩梅梅并未在合同签订过程中到场并签字，但其称李雷向其提供了二人的结婚证、身份证、李雷的房屋所有权证原

---

① 北京市第二中级人民法院民事审判第一庭法官助理。

件，并且向其出示了韩梅梅签署的《售房委托书》和《共有权人未到场声明》，但未就此举证。韩梅梅否认曾向李雷出具过上述文件，且否认曾借出身份证原件。李雷也表示其出具的为结婚证复印件。另查明，李雷与韩梅梅正处于离婚诉讼期间。

法院经审理认为，韩梅梅并未在涉案合同上签字，事后也未对李雷代其签署买卖合同的行为表示追认，故涉案买卖合同对韩梅梅不发生效力，相关责任应由李雷一人承担。由于韩梅梅不同意出售涉案房屋，买卖合同无法继续履行，故支持赵东东解除合同的请求。李雷出售房屋时与韩梅梅处于离婚诉讼期间，其明知韩梅梅不同意出售涉案房屋仍与赵东东签订买卖合同，应退还定金并承担相应的违约责任。李雷对于赵东东的损失应当承担主要责任，但赵东东明知韩梅梅未在买卖合同上签字，李雷向其提供的结婚证和房屋所有权证也仅为李雷自己所持有的证件。在房屋产权证上已经载明房屋系李雷和韩梅梅共同共有的情况下，赵东东也未进行实地看房，未提供证据证明韩梅梅授权李雷进行卖房，其在合同签订过程中未尽到审慎的注意义务，对于自己发生的损失亦应当承担一定的责任。因此，法院综合举证情况和双方过错程度，判决李雷返还定金10万元，赔偿违约金20万元。

法理分析

综观该案，本案的争议焦点为：第一，涉案房屋买卖合同的效力；第二，涉案房屋买卖合同是否还存在继续履行的可能；第三，致使涉案房屋买卖合同无法继续履行的违约方的认定及违约责任的承担。

（一）涉案房屋买卖合同的效力

合同效力直接影响案件处理的走向。赵东东请求解除合同，该诉讼请求的前提是其与李雷所签订的合同是合法有效的，如果合同无效，则不存在违约责任，只能要求造成合同无效一方承担缔约过失责任或赔偿责任。

涉案房屋属于夫妻共同共有财产，在未经韩梅梅同意的情况下，李雷与赵东东签订的房屋买卖合同是否有效呢？《合同法》第五十一条规定："无处分权的人处分他人财产，经权利人追认或者无处分权的人订立合同后取得处分权的，该合同有效。"但《合同法》在《民法典》生效后即废止。《民法典》第五百九十七条第一款规定："因出卖人未取得处分权致使标的物所有权不能转移的，买受人可以解除合同并请求出卖人承担违约责任。"《最高人民法院关于审理买卖合同纠纷案件适用法律问题的解释》原第三条①规定："当事人一方以出卖人在缔约时对标的物没有所有权或者处分权为由主张合同无效的，人民法院不予支持。出卖人因未取得所有权或者处分权致使标的物所有权不能转移，买受人要求出卖人承担违约责任或者要求解除合同并主张损害赔偿的，人民法院应予支持。"结合上述规定来看，是否有处分权不影响合同效力，即使权利人未追认或者无权处分人在合同订立后未取得处分权，该合同对于权利人而言不发生效力，但也仅仅是合同的权利义务不及于权利人，是否拥有处分权或者处分权是否受到限制并不影响房屋买卖合同本身的效力。因此李雷的辩称不具备法律依据，且其并未举证证明涉案合同存在法律规定的无效情形，涉案房屋买卖合同系当事人真实意思表示，不违反法律、行政法规强制性效力性规定，合法有效。

应当注意的是，虽然在本案中，房屋买卖合同合法有效，但是并不意味着所有无权处分的房屋买卖合同均是合法有效的。实践中不乏通过与第三人恶意串通，借买卖之名，行转移财产之实的案例，对于此种情况，通过《民法典》第一百五十四条否定其合同效力，保护共有人之利益即可。

（二）涉案房屋买卖合同是否还存在继续履行的可能？

《民法典》第五百六十二条规定："当事人协商一致，可以解除合同。当事人可以约定一方解除合同的事由。解除合同的事由发生时，解除权人可以解除合同。"《民法典》第五百六十三条规定："有下列情形之一的，当事人

---

① 《最高人民法院关于审理买卖合同纠纷案件适用法律问题的解释（2020修正）》已删除该条，但是并不意味着否定该条规则。

可以解除合同：……（四）当事人一方迟延履行债务或者有其他违约行为致使不能实现合同目的；……"《民法典》第五百九十七条第一款规定："因出卖人未取得处分权致使标的物所有权不能转移的，买受人可以解除合同并请求出卖人承担违约责任。"本案中，房屋买卖合同约定了李雷保证共有人同意出卖房屋的如实保证义务及违反该义务后出卖人享有的解除权。李雷未经韩梅梅同意出卖共有房屋，韩梅梅事后也未追认李雷出卖房屋的行为，致使赵东东难以完成房屋产权转移登记等手续，合同目的不能实现，赵东东有权要求解除合同。

但是，赵东东是否可以选择不解除合同，而要求继续履行合同，完成房屋买卖呢？实践中，往往也存在大量类似的案例，买受人已经为购买诉争房屋付出了大量时间、人力、资金成本，尤其在房屋价格上涨的地区，买受人往往起诉要求继续履行合同，要求房屋共有人协助其完成过户等手续。此时，买受人的请求有无法律依据？

1. 从代理的角度分析

如果将李雷代韩梅梅签字表示同意出卖房屋的行为理解为代理行为，李雷是否有权代理韩梅梅进行房屋买卖？《最高人民法院关于适用〈中华人民共和国婚姻法〉若干问题的解释（一）》（现已失效）第十七条第一项规定："……夫或妻在处理夫妻共同财产上的权利是平等的。因日常生活需要而处理夫妻共同财产的，任何一方均有权决定。"家事代理权被限定在日常生活需要中，对房屋的处分显然超出了这一范围。因此，从代理的角度来看，李雷代韩梅梅同意出售房屋的行为系无权代理。

合同签订后，被代理人韩梅梅未追认李雷的代理行为，赵东东可以通过表见代理制度进行维权。《民法典》第一百七十二条规定："行为人没有代理权、超越代理权或者代理权终止后，仍然实施代理行为，相对人有理由相信行为人有代理权的，代理行为有效。"如果李雷的行为构成表见代理，则韩梅梅必须承担其代理人所作行为之后果，赵东东即有权要求李雷、韩梅梅二人继续履行合同，完成产权转移手续。对于赵东东而言，表见代理制度的核心要件是"相对人有理由相信行为人有代理权"，所谓"有理由相信"，是指相对人有正当理由相信行为人有代理权，一般理性人站在相对人的立场上都会对代理权的外观予以信赖，这就需要相对人对代理人没有代理权的事实既无故意，也无疏忽大意或懈怠轻信的过失。其核心在于相对人尽到了合理的注意义务，即一个正常的理性人在面对此类事件时所应尽到的谨慎和注意义务。

本案中，赵东东明知涉案房屋系夫妻共同财产，明知合同上韩梅梅的字系李雷代签，在房屋买卖过程中从未见过韩梅梅，未到实地看房了解情况，也未联系过韩梅梅征询其意见，未要求李雷提供韩梅梅房产证原件、身份证原件，也未能举证证明李雷曾向其出示共有人同意声明或其他授权文件，仅凭李雷持有的自己的房产证原件、身份证复印件即相信其拥有代理权，不符合一个理性人在面对房屋买卖这样重要事务时所应尽到的注意义务，故其也无法通过表见代理制度要求韩梅梅履行义务，继续进行房产交易。

2. 从无权处分的角度分析

《民法典》第三百零一条规定："处分共有的不动产或者动产以及对共有的不动产或者动产作重大修缮、变更性质或者用途的，应当经占份额三分之二以上的按份共有人或者全体共同共有人同意，但是共有人之间另有约定的除外。"涉案房屋属于夫妻共同财产，系共同共有，李雷对房屋的处分需经过共同共有人即韩梅梅的同意，故李雷对房屋的处分权事实上是受到限制的，其无权根据自己的意愿处分房屋，从这个角度分析，李雷的处分行为系无权处分。

如前所述，结合《最高人民法院关于审理买卖合同纠纷案件适用法律问题的解释》原第三条的规定，如果权利人追认，该合同对于权利人而言是自始有效的。如果韩梅梅在合同签订后，明知存在房屋买卖之事且未表示反对，则事实上追认了李雷的出售行为，其就要受到合同的约束。比如实践中经常出现，买受人多次实地看房，共有人在场且未提出反对意见的情况，可以推断其在当时是同意出售房屋的，即使其事后反悔，买受人也有权要求其继续履行合同，但本案不符合此种情况。

无权处分签订的合同未经权利人追认，合同仅在无处分权人和买受人之间发生法律效力，权利人不受到此合同的约束。因此，在无权处分的路径下，即使赵东东已经尽到了审慎的注意义务，也无法要求韩梅梅继续履行合同，配合其办理过户手续，买卖合同已经构成法律上的履行不能。

综上，在权利人未追认的情况下，运用代理的法律规则更有利于保护买受人的利益。只要买受人尽到了合理的注意义务，有理由相信行为人有代理权，即可以使被代理人受到合同的约束，请求其继续履行合同。但从无权处分的法律规则来看，无论买受人是否为善意，合同效力都无法及于权利人，客观上合同不存在继续履行的可能。在本案中，韩梅梅并未追认房屋买卖合同，赵东东也未尽到审慎义务，故其只能请求解除合同。

（三）致使涉案房屋买卖合同无法继续履行的违约方的认定及违约责任的承担

《民法典》第五百六十六条规定："合同解除后，尚未履行的，终止履行；已经履行的，根据履行情况和合同性质，当事人可以请求恢复原状或者采取其他补救措施，并有权请求赔偿损失。合同因违约解除的，解除权人可以请求违约方承担违约责任，但是当事人另有约定的除外。"《最高人民法院关于审理买卖合同纠纷案件适用法律问题的解释》原第二十六条规定："买卖合同因违约而解除后，守约方主张继续适用违约金条款的，人民法院应予支持；但约定的违约金过分高于造成的损失的，人民法院可以参照合同法第一百一十四条第二款的规定处理。"《最高人民法院关于适用〈中华人民共和国合同法〉若干问题的解释（二）》（现已失效）第二十九条第一款规定："当事人主张约定的违约金过高请求予以适当减少的，人民法院应当以实际损失为基础，兼顾合同的履行情况、当事人的过错程度以及预期利益等综合因素，根据公平原则和诚实信用原则予以衡量，并作出裁决。"

当事人有权同时请求解除合同和承担违约金，但我国法律中对于违约金、损害赔偿等一般适用填平规则，即以实际损失为基础，填平当事人的损失，特殊情况下才适用惩罚性赔偿。法院可综合损失、履行情况、过错程度等因素判断违约金。

本案中，李雷毫无疑问系违约方，其谎称韩梅梅同意出售房屋而与赵东东签订房屋买卖合同,系导致合同不能履行的主要责任人。合同解除造成了赵东东购房成本的增加,其有权要求李雷赔偿其损失。但正如前所述,赵东东虽然没有违约行为,但其在合同签订过程中并非毫无过错,其未尽到审慎的注意义务,对于自己发生的损失亦应当承担一定的责任,故法院并未完全支持其请求的赔偿数额,而是综合考量后酌定李雷赔偿其 20 万元。

知识拓展

无权代理与无权处分是两种不同的法律制度,其救济的要件和路径虽有相似之处,但也有所不同,法律关系的属性对于维权的方式、结果均有不同的影响,直接影响买受人是否能够取得房屋所有权以及所需具备的条件。因此,首先要正确识别法律关系,再依据不同的法律关系选择不同的救济路径。

(一)共有房屋买卖中无权代理与无权处分的识别

上文通过无权代理和无权处分两条路径分析了案例中赵东东为何无法继续进行房屋买卖交易,这是因为,无权代理和无权处分虽然是两种不同的法律关系,但在共有房屋买卖过程中,二者有时是存在竞合关系的,有时只涉及无权代理或无权处分。

无权代理,是指行为人没有代理权、超越代理权或者代理权终止后,仍然以被代理人名义实施民事法律行为。其构成要件有两个:(1)欠缺代理权限;(2)以被代理人名义。无权处分,是指行为人没有处分权或者欠缺处分权,却以自己的名义实施的对他人财产的法律上的处分行为。其构成要件有三个:(1)欠缺处分权;(2)以自己的名义;(3)处分的是他人财产。可见,二者除法律关系上的不同外,其外部明显特征为以谁的名义从事法律行为。

例 1:如果房屋系婚后共同财产,但登记在李雷一方名下,李雷隐瞒了房屋系夫妻共同财产的事实,以自己的名义单方与赵东东签订房屋买卖合同,此时因不存在以韩梅梅名义表示同意出售房屋的情况,不构成无权代理,仅因其未征得共有人同意而构成无权处分。

例2：如果房屋登记的是韩梅梅一人，李雷隐瞒了房屋系夫妻共同财产的事实，并伪造虚假的出售同意声明和授权委托书代替韩梅梅与赵东东签订房屋买卖合同，此时仅构成无权代理，因为李雷是以韩梅梅的名义进行房屋买卖，而非以自己的名义处分了他人财产。

例3：如果房屋登记的是双方，即本案的此种情况，或者虽然仅登记了李雷但是其向赵东东披露了房屋系夫妻共同财产的事实，以自己和韩梅梅共同的名义签署房屋买卖合同出售房屋，则事实上存在二者的竞合。李雷是以夫妻共同的名义，处分的也是夫妻共有的财产，既因没有获得韩梅梅的同意而欠缺处分权，又因代替韩梅梅向买受人表示同意出卖房屋而欠缺代理权限。

（二）共有房屋买卖中无权代理和无权处分的法律效果

1. 无权代理的一般法律效果

《民法典》第一百七十一条规定："行为人没有代理权、超越代理权或者代理权终止后，仍然实施代理行为，未经被代理人追认的，对被代理人不发生效力。相对人可以催告被代理人自收到通知之日起三十日内予以追认。被代理人未作表示的，视为拒绝追认。行为人实施的行为被追认前，善意相对人有撤销的权利。撤销应当以通知的方式作出。行为人实施的行为未被追认的，善意相对人有权请求行为人履行债务或者就其受到的损害请求行为人赔偿。但是，赔偿的范围不得超过被代理人追认时相对人所能获得的利益。相对人知道或者应当知道行为人无权代理的，相对人和行为人按照各自的过错承担责任。"

根据本条规定，对于无权代理签订的合同，被代理人有追认权，其可以追认该行为，使之确定地发生法律效力，也可以拒绝追认使之不发生法律效力。一旦被代理人作出追认，因无权代理所订立的合同就从成立时起产生法律效力。如果被代理人明确地表示拒绝追认，那么因无权代理而签订的合同就不能对被代理人产生法律效力，因此而产生的责任就应该由行为人自己承担。假如事后韩梅梅同意出售签订房屋买卖合同，则其就应当受到合同约束，享有合同权利，履行合同义务。

相对人有催告权，催促被代理人在一定期限内明确答复是否承认无权代理行为。即赵东东有权催告韩梅梅明确答复其是否同意签订房屋买卖合同。此外，善意相对人还享有撤销权，是指相对人在被代理人未追认无权代理行为之前，可撤回其对行为人所作的意思表示，使法律行为在被代理人追认前确定地不发生效力。但是这就要求相对人在签订合同时不知道代理人系无权代理。假如赵东东在签订合同时不知道且不应当知道李雷系无权代理，但事后房价下跌，赵东东后悔购房，其就有权在韩梅梅追认之前通知对方撤销房屋买卖合同。

2. 无权代理的特殊情形——表见代理

《民法典》第一百七十二条规定："行为人没有代理权、超越代理权或者代理权终止后，仍然实施代理行为，相对人有理由相信行为人有代理权的，代理行为有效。"从广义上讲，表见代理也是一种无权代理，但是由于相对人是善意的，其有理由相信行为人有代理权限，故为了保障相对人的利益和交易安全而制定了这种特殊规则。其核心要件为"相对人有理由相信行为人有代理权"，即客观上无权代理人有代理外观，主观上合同相对人是善意的、无过失的。相对人不知道或者不应当知道行为人实际上无权代理，且这种不知道不是因为其大意造成的。如前所述，这种善意无过失就要求相对人在合同签订过程中尽到了审慎的注意义务。

如果构成表见代理，则代理人虽然没有代理权限，但是合同效力也及于被代理人，直接约束被代理人。比如，如果赵东东尽到了审慎的注意义务，能够举证证明其有理由相信李雷获得了韩梅梅的授权，则韩梅梅就要受到合同的约束，赵东东可以直接起诉要求韩梅梅履行合同中产权转移登记的手续，这在购房成本较大，尤其是房屋价格上涨的地区对于买受人利益的保护有着明显的优势。

3. 无权处分的一般法律效果

如前所述，在签订合同时是否拥有处分权不影响合同的效力。但是，无权处分签订的合同，只有经过权利人的追认，方对权利人发生效力，否则，该合同仅在无处分权人与相对人之间发生法律效力。这种追认可以直接向买受人作出，也可以向处分人作出；可以用口头形式作出，也可以用书面形式作出，但追认必须以明显的方式作出。

尽管无权处分订立的合同不因无处分权而无效，但是由于合同不对权利人生效，相对人无法请求权利人处分财产。故该合同客观上无法履行，合同目的不能实现，相对人只能要求解除合同，并要求无处分权人承担违约责任、赔偿损失等。

4.无权处分的特殊情形——善意取得

《民法典》第三百一十一条规定："无处分权人将不动产或者动产转让给受让人的，所有权人有权追回；除法律另有规定外，符合下列情形的，受让人取得该不动产或者动产的所有权：（一）受让人受让该不动产或者动产时是善意；（二）以合理的价格转让；（三）转让的不动产或者动产依照法律规定应当登记的已经登记，不需要登记的已经交付给受让人。受让人依据前款规定取得不动产或者动产的所有权的，原所有权人有权向无处分权人请求损害赔偿。当事人善意取得其他物权的，参照适用前两款规定。"

根据该条规定，无处分权人对物权的处分是不发生物权变动效果的，权利人可以追回，除非发生了善意取得，善意的受让人可以通过善意取得制度直接取得物权。善意取得是对无处分权人处分财产行为的特别规定，是为保护受让人的合理信赖及交易安全而作出的特别规定。善意取得中的受让人是善意第三人，善意取得后，行为自始有效，无须权利人追认。

应当注意的是，无权处分订立的合同不因欠缺处分权而无效，但是欠缺处分权则会阻碍物权的变动。二者相互区分，并不矛盾。《民法典》第二百一十五条规定："当事人之间订立有关设立、变更、转让和消灭不动产物权的合同，除法律另有规定或者当事人另有约定外，自合同成立时生效；未办理物权登记的，不影响合同效力。"因此，李雷欠缺处分权不影响房屋买卖合同的效力，但影响房屋所有权的变动。也就是说，本案中，即使赵东东已经完成了产权变更登记，将房屋过户到自己名下，韩梅梅也有权追回房屋，除非发生了无权处分中的特别制度——善意取得。

根据法律规定，善意取得的要件有四个：（1）无权处分行为；（2）善意的受让人；（3）合理的价格；（4）转移登记或交付。善意与否是善意取得制度的核心要件。善意，即受让人不知道也不应当知道出让人是无权处分人。所谓不应当知道是说受让人对这种不知道不存在过失，即一个正常理性人在此种情况下都不知道出让人系无权处分人，这就需要受让人尽到了合理的注意义务。这与表见代理制度中行为人的"有理由相信"在内涵上是相通的。具体到房屋买卖关系中，由于存在公示效力较强的不动产登记，故一般情况下买受人基于对不动产登记的合理信赖，并且没有故意或重大过失，即可推定其为善意，原权利人对于买受人的恶意负有举证责任。这与表见代理制度中买受人需要自己举证"有理由相信"有所不同。

如果产权证上仅登记了李雷一人，但李雷与韩梅梅已经离婚多年，房屋归韩梅梅，在二人尚未办理过户前，李雷即与赵东东签署了房屋买卖合同，支付了对价，完成了产权过户手续，赵东东基于对不动产登记簿的合理信赖，对其二人之间的离婚协议善意不知情，则即使事后发现韩梅梅系真正权利人，赵东东也可善意取得房屋所有权，韩梅梅无法追回房屋。

综观无权代理和无权处分的两种法律路径，如果通过表见代理制度进行救济，应满足行为人非以自己名义处分房屋的要件。相较于善意取得制度，其无法直接取得房屋所有权，但是只要能证明自己是善意的，即有权要求权利人履行合同，继而完成产权过户登记。如果通过无权处分中的善意取得制度进行救济，首先应符合出卖人以自己名义处分房屋的要件。相较于表见代理制度，善意取得在"善意"的判断上对买受人有一定的便利，且可以直接获得房屋所有权，但还需要同时满足支付了合理的房款、完成过户登记两个要件。在以夫妻双方名义处分房屋的案例中，如前所述，存在无权处分和无权代理的竞合，此时，买受人可以根据是否已经完成过户登记选择法律适用，维护自己的合法权益。

普法提示

二手房屋买卖涉及共有人时，往往存在一定的法律风险，需要买受人谨慎规避风险。无论是表见代理还是善意取得制度，其目的都在于保护善意的相对人，要求买受方尽到了审慎的注意义务，尽到了一个理性人在面对购买房屋这种重要事务时的谨慎、无过失。即使不愿继续购买房屋，无过错的买受人在获得损失赔偿等方面也具有显著优势。正是由于本案中的赵东东不满足这一条件，所以其无法实现购买涉案房屋的目的，也无法要求对方赔偿其全部损失。

为避免类似情况，买受人在购买二手房屋时，应谨慎审查房屋是否存在共有人，共有人是否同意出售房屋。买受人要首先查看房屋产权证是否为共有产权证，如果并非共有产权证，则要询问其婚姻状况，判断房屋是否系共有。如果涉及离婚，则应留意其离婚协议中对于房屋的分割。如果是共有房屋，则要着重审查其共有人的意愿，具体而言，应当尽量要求共有人到场亲自签署同意出售声明、买卖合同等文件，并将身份证、结婚证等原件与本人核对，证明其确为共有人。如果共有人确实有合理原因无法到场，应要求其代理人携带身份证、结婚证原件以及其签署好的同意出售声明等文件，同时可以通过电话、视频等方式确认其共有人确实同意出售房屋。此外，买受人还可以通过多次实地看房等方式确认房屋是否有共同居住人以及共有人的意愿，比如，有案例中法院通过买受人多次看房时共有人在场，且未反对售房即推定共有人同意出售房屋。同时，买受人应注意留存好相应的文件、微信记录、录音录像等证据，避免因举证不能而承担不利后果。

案例五 "新盘"与"新房"
——房屋交易过程中房产经纪公司必要的说明、告知义务

周梦峰①

案情回顾

2015年7月，市民王小明通过某门户网站的房产栏目发现一则楼盘出售信息，宣传中提及该楼盘"黄金地段""潜力升值""新盘出售"等内容。在电话咨询后，王小明前往售楼处进行洽商，最终以每平方米5.2万元的价格与第一楼房产经纪公司签订销售协议书。

双方于协议书中约定：王小明以480万元的价格购买第一楼房产经纪公司出售的解放路108号院1号楼2508号房屋，签约当日支付定金3万元，余下的17万元定金，需要在本协议签订后7日内补齐，逾期不补齐定金的，房源不予保留，定金不予退还；付款方式为一次性付款，自本协议签订后7日内签署存量房买卖合同及补充协议，同时支付相关房款，过期视为王小明自愿放弃购买权，第一楼房产经纪公司有权出售房产，所交款项不予退还；房屋于全款到齐日交付。签署该协议的销售员为第一楼房产经纪公司刘一楼。《销售协议书》签订后第6日，王小明交齐余款17万元。后因双方发生争议，王小明未于约定日期内与第一楼房产经纪公司签订正式合同。

2015年9月，王小明将第一楼房产经纪公司诉至法院，要求解除合同并返还定金。王小明主张第一楼房产经纪公司并非涉案房屋的产权人，且其在签订销售协议书时明确表示要购买的是新房，而对方销售人员亦承诺房屋不是二手房且没有经营过，但在签订销售协议书后自己才发现涉案房屋于2007年起即开始作为快捷酒店对外出租，而第一楼房产经纪公司以"新盘"的名

---

① 北京市第二中级人民法院民事审判第一庭法官。

义进行宣传，侵害了其知情权。故双方签订的销售协议书应予解除，第一楼房产经纪公司应当返还定金。

第一楼房产经纪公司则不同意王小明的诉讼请求，并辩称："王小明所述与我公司签订合同、付款及所售房屋并非新房的情况均属实，但我公司与王小明所签协议书中已注明双方需签订正式的存量房屋买卖合同，由此可见王小明应当知晓房屋并非新房。所售房屋的开发商系广建房地产开发公司，后由宝德有限公司购买了部分房屋，并于2005年取得产权证明。此后，宝德有限公司对房屋进行了翻新并委托我公司进行出售。王小明没有与我公司在7日内签订正式合同，故我公司同意解除双方所签的销售协议书，但不同意退还定金。"

案件审理过程中，王小明提交《公证书》和网站截屏，用以证明第一楼房产经纪公司以"新盘"的名义对外销售涉案房屋，以及涉案房屋于2007年起对外出租以及由承租人再行转租的事实。第一楼房产经纪公司对于上述证据的真实性不持异议，并认可涉案房屋以"新盘"名义销售并曾出租的事实，但表示"新盘"并非"新房"，而是包括将房屋装修改造后再行出售的房屋。经询，第一楼房产经纪公司认可在宣传网页上并没有就"新盘"的概念进行解释。关于第一楼房产经纪公司是否明确告知王小明涉案房屋使用情况一事，第一楼房产经纪公司表示其从未向王小明宣称"房屋没有使用过"，因为房屋早已建成，大家都知晓。

王小明为证明其诉讼主张，另提交视听资料。其中，其与销售人员刘一楼的通话录音显示：（1）王小明表示其要买的是新房，如果是旧房翻新就相当于购买的是二手房，刘一楼表示房屋不是二手房且没有经营过；（2）刘一楼表示王小明交纳50%款项就可以签正式的买卖合同；（3）刘一楼表示王小明付完钱款当天即可网签，合同文本直接从建委网站下载；（4）刘一楼向王小明表示存量房是介于新房和二手房之间的房屋。针对上述视听资料，第一楼房产经纪公司认可刘一楼系其公司员工，但表示该人员已经离职现无法取得联系。经释明，第一楼房产经纪公司不申请就上述视听资料的真实性进行鉴定。第一楼房产经纪公司提交《声明书》，用以证明其有权代表产权人宝德有限公司销售涉案房屋。

经询,第一楼房产经纪公司认可如下事实:(1)销售协议书记载的"自本协议签订后 7 日内签署存量房买卖合同及补充协议,同时支付相关房款"中的房款是指 20 万元的定金;(2)王小明依据销售协议书无法知晓出售人,且第一楼房产经纪公司没有证据证明曾在签署协议书前告知过王小明售房人信息;(3)第一楼房产经纪公司认为其没有通知王小明签署正式买卖合同的义务,也没有证据证明第一楼房产经纪公司曾就此事宜通知过王小明。另经法院查证,涉案房屋于 2007 年登记在宝德有限公司名下。

一审法院经审理认为:当事人应当按照约定全面履行义务,并遵循诚实信用原则,根据合同的性质、目的和交易习惯履行通知、协助等义务。现王小明与第一楼房产经纪公司均同意解除销售协议书,法院不持异议。合同解除后,尚未履行的,终止履行;已经履行的,根据履行情况和合同性质,当事人可以要求恢复原状、采取其他补救措施,并有权要求赔偿损失。虽根据第一楼房产经纪公司提交的《声明书》可以认定其基于宝德有限公司的委托有权销售涉案房屋,但根据销售协议书的内容及现有证据可以认定第一楼房产经纪公司与王小明签署协议前并没有向王小明告知房屋产权人系宝德有限公司及其作为受托人代为销售涉案房屋的事实,该行为侵害了王小明作为买受人有权知晓出售人信息的权利。根据《公证书》反映的内容可以认定第一楼房产经纪公司以"新盘"的名义宣传涉案房屋,且并没有对房屋现状予以明确解释,结合王小明提交的视听资料内容可以认定第一楼房产经纪公司从未明确、清楚地告知王小明涉案房屋已经使用、出租的事实。第一楼房产经纪公司未履行此项告知义务,会影响王小明就是否购买涉案房屋作出判断。根据销售协议书的约定,王小明支付 20 万元定金的同时,双方应签订存量房买卖合同及补充协议,但目前双方并没有签订合同。第一楼房产经纪公司没有证据证明存在其通知王小明签约而王小明拒绝的情况,且结合王小明提交的视听资料可见,系第一楼房产经纪公司关于签约时付款数额的改变导致了合同未能按期签订。综合上述三方面情况,可以认定第一楼房产经纪公司对销售协议书的解除负有责任,其应将收取的定金返还给王小明。据此,判决解除王小明与第一楼房产经纪公司签订的销售协议书；第一楼房产经纪公司于判决生效后7日内退还王小明定金20万元。如果未按判决指定的期间履行给付金钱义务，应当依照《民事诉讼法》之规定，加倍支付迟延履行期间的债务利息。

判决后，第一楼房产经纪公司不服提起上诉，请求撤销原判，改判驳回王小明的一审诉讼请求。其主要上诉理由为："在销售过程中，我公司已将涉案房屋产权人信息公示，未侵害王小明的知情权；我公司在销售过程中以'新盘'的名义宣传涉案房产，与'新房'含义并不相同，涉案房屋所属房产项目已经建成多年，且双方签订的销售协议书中明确了涉案房屋性质为存量房，故王小明对涉案房屋的性质应是完全知悉的；按照销售协议书的约定，我公司无义务通知王小明签订存量房买卖合同，王小明未在约定期限内履行签署合同的义务，我公司作为守约方有权扣除定金；原审过程中，我公司并未认可王小明提交的视听证据的真实性，但原判仍将此作为判决依据，程序存在瑕疵。"

二审人民法院经审理认为，第一楼房产经纪公司的上诉请求，依据不足，判决驳回上诉，维持原判。

法理分析

本案涉及的核心争议焦点有二：

（一）买方王小明是否存在违约行为，其已付定金是否可以退还？

本案中，王小明与第一楼房产经纪公司均同意解除销售协议书，故法院对此不持异议。本案争议焦点在于第一楼房产经纪公司收取王小明的20万元定金是否应予返还。

根据《合同法》第一百一十五条（现已失效，相关规定见《民法典》第五百八十七条）的规定，债务人履行债务后，定金应当抵作价款或者收回。给付定金的一方不履行约定的债务的，无权要求返还定金；收受定金的一方不履行约定的债务的,应当双倍返还定金。

由上述法律规定可见,定金不予返还须以给付定金一方违约为前提。而本案中,第一楼房产经纪公司虽以王小明未在销售协议书签订后 7 日内签署存量房买卖合同及补充协议为由,主张王小明违约,但根据本案已经查明的事实,王小明在签订销售协议书当日支付定金 3 万元的基础上,已经按照销售协议书的约定于销售协议书签订后第 6 日再行支付 17 万元,自此已足额支付全部定金。王小明的上述付款行为已经履行了销售协议书中约定的主要义务,且存量房买卖合同及补充协议是否如期签订,尚须以买卖双方相互配合为前提,第一楼房产经纪公司并未举证证明王小明存在拒不履行的事实,同时根据王小明提供的视听资料,第一楼房产经纪公司销售人员在王小明足额支付 20 万元定金后,额外提出了签订买卖合同的前置条件。因此,第一楼房产经纪公司仅以存量房买卖合同及补充协议未能如期签订为由,主张王小明存在违约行为,并无事实和法律依据,法院不予采信。

基于上述分析,第一楼房产经纪公司不返还定金无法律依据,故法院判令第一楼房产经纪公司返还已收取的定金。

(二)第一楼房产经纪公司是否尽到了必要的说明告知义务?

诚实信用原则系我国民法、合同法的基本法律原则。《民法通则》第四条规定:"民事活动应当遵循自愿、公平、等价有偿、诚实信用的原则。"《民法典》生效后,其第七条规定:"民事主体从事民事活动,应当遵循诚信原则,秉持诚实,恪守承诺。"同时,第五百零九条第二款亦规定:"当事人应当遵循诚信原则,根据合同的性质、目的和交易习惯履行通知、协助、保密等义务。"

本案中,第一楼房产经纪公司作为专业从事房产经纪的公司法人,应在交易过程中遵循诚实信用原则,针对标的物的重要性质、特征,向买受人尽到必要的说明、告知义务。但通过本案证据可见,第一楼房产经纪公司系以"新盘"的名义宣传销售曾经出租使用过的房屋,为避免买受人产生误解,应当在交易过程中进行合理、必要的说明。

第一楼房产经纪公司虽辩称涉案房屋所在项目已经建成多年,且销售协议书中明确载明需签署存量房买卖合同，故买受人应知悉房屋并非未曾使用的事实，但"存量房"的概念系针对"增量房"而言，其文义本身并不包含房屋是否已经使用过的含义，而涉案房屋所属项目竣工的时间，亦与房屋是否曾出租使用之间不存在必然联系。为避免产生歧义，第一楼房产经纪公司本应在签约协商过程中，对买受人进行必要的说明告知。但该公司未按此诚实信用原则履行，在一定程度上对买受人关于涉案房屋的认知产生影响。据此，应认定第一楼房产经纪公司于交易中的行为，未尽到必要的说明、告知义务。

知识拓展

本案涉及的另一个法律争议，系王小明提供的通话录音及网站截屏，是否可以作为法院认定事实的证据这一问题。

根据《民事诉讼法》第六十六条第一款的规定，民事诉讼中的证据包括：（1）当事人的陈述；（2）书证；（3）物证；（4）视听资料；（5）电子数据；（6）证人证言；（7）鉴定意见；（8）勘验笔录。

王小明于本案中提交的与第一楼房产经纪公司销售人员的通话录音，属上述证据形式中的视听资料证据。王小明提交的"网站截屏"属上述证据形式中的电子数据。《最高人民法院关于民事诉讼证据的若干规定》第十四条规定："电子数据包括下列信息、电子文件：（一）网页、博客、微博客等网络平台发布的信息；（二）手机短信、电子邮件、即时通信、通讯群组等网络应用服务的通信信息；（三）用户注册信息、身份认证信息、电子交易记录、通信记录、登录日志等信息；（四）文档、图片、音频、视频、数字证书、计算机程序等电子文件；（五）其他以数字化形式存储、处理、传输的能够证明案件事实的信息。"

当事人以视听资料作为证据的，应当提供存储该视听资料的原始载体。当事人以电子数据作为证据的，应当提供原件。电子数据的制作者制作的与原件一致的副本，或者直接来源于电子数据的打印件或其他可以显示、识别的输出介质，视为电子数据的原件。对于视听资料证据的采用，法院依据《民事诉讼法》第七十四条的规定，辨别真伪，并结合本案的其他证据，审查确定能否作为认定事实的根据。

本案中，王小明提交的网站截屏电子数据，在形式上符合上述法律规定，第一楼房产经纪公司亦对其真实性予以认可，故法院依法予以采信。而对于王小明提交的视听资料，第一楼房产经纪公司于本案一审、二审审理中，始终对其真实性不予认可。但其并未就此申请鉴定，经法院释明相应法律风险后，仍不提交鉴定申请。根据我国民事诉讼法规定的举证责任，当事人对自己提出的主张，有责任提供证据，对自己提出的诉讼请求所依据的事实或者反驳对方诉讼请求所依据的事实，应当提供证据加以证明。在作出判决前，当事人未能提供证据或者证据不足以证明其事实主张的，由负有举证责任的当事人承担不利的后果。在此情况下，法院综合本案其他证据，对王小明提供的视听资料予以采信。因第一楼房产经纪公司未提供相反的证据予以证明，应就此承担举证不能的不利后果。

普法提示

随着互联网技术的飞速发展，民众获取信息的方式、渠道等方面都有了显著变化。这种变化在给生活、工作带来便捷、高效的同时，也产生了一些负面影响。针对本案争议，房产经纪公司以"新盘"的名义宣传销售曾经出租使用过的房屋，为避免购房人产生误解，应当在交易过程中进行合理、必要的说明。销售协议书中虽载有签署存量房买卖合同的约定，但"存量房"的概念系针对"增量房"而言，系指已经进行转移登记，即取得"小证"的房屋，其文义本身并不包含房屋是否已经使用过的含义。同时，从市场实际来看，存量房中仍存在未曾使用的所谓"空置房"。该房产经纪公司以"新盘"名义进行宣传，又不对此作出明确说明，在一定程度上会对购房人对房屋性质的认知产生影响，法院对该房产经纪公司的上述行为予以指正。

在类似的案件中，一些房产经纪公司往往将同一楼盘、同一小区中多套已取得房屋所有权证的存量房进行"打包",再以"新盘""在售"的名义在网络媒体上进行宣传,而基于网络媒体宣传存在审核、监管缺位的问题,出卖人往往将此类房屋发布于预(销)售商品房即新房栏目中,从而对购房人的正常判断产生影响。而在销售过程中,售楼人员也往往回避房屋是否曾经使用这一问题,甚至少部分售楼人员会做虚假表述,其目的在于尽快与购房人签订协议并收取定金,发生纠纷后,则以其"从未承诺是新房""存量房一定曾经使用过"等理解歧义作为辩解,一旦购房人提出不购买房屋,出卖人则以单方违约为由拒不退还定金,以致最终成讼。

对此,在督促出卖人应以诚实信用为原则,向购房人尽到必要的说明、告知义务,并督促网络内容服务商加强信息发布的审核力度,尽到必要的审查义务的同时,建议广大购房人在签订正式房屋买卖合同前,在四个关键步骤中注意如下事项:第一,尽量在较知名的网络媒体上获取信息,注意审核网络售房信息真实性。第二,在现场看房时注意审核所购项目的各项证明文件及出卖人的营业范围。第三,交付定金时应签订内容明确的定金协议,将出卖人承诺的内容落实为书面约定。第四,在定金协议签订后至正式购房合同签订前,应注意保存证据,以备成讼后明确双方责任。

第四章

二手房买卖合同履行环节

案例一 | 房屋出卖人死亡后的合同履行问题
——夫或妻一方出售拆迁安置房屋后死亡的合同履行问题

陈妍[①]

案情回顾

拆迁是城乡一体化建设中常见的现象。2002年7月，小王家所在的村庄得到拆迁的消息。小王一家四口积极配合村委会的各项拆迁工作，认真填写入户调查表。最终依据拆迁政策，小王与村委会签订了《拆迁安置协议》。《拆迁安置协议》中载明了拆迁应安置人口为四人，即小王及其妻小云和两人的两个孩子，并载明了拆迁补偿款的数额。2004年9月15日，小王与房地产开发公司签订了《购房协议》，依据相关拆迁优惠政策，用村委会给的拆迁补偿款购买了一套拆迁安置房屋。

小王一家在得到拆迁安置房屋后，一直没有入住。随着房地产市场的快速发展，房价"涨"声一片。小王见状也心动起来，便与妻子小云商量将拆迁安置房屋出售。2007年4月11日，小王与张某签订《房屋买卖合同》，将拆迁安置房屋以84万元的价格出售给张某。合同还约定，小王所售房屋为拆迁安置房屋，目前尚不能办理产权证明，到能办理的时候，小王协助张某办理该房屋的产权登记与过户手续，与此相关的各项税费由张某负担，小王不再向张某收取其他费用；小王在收到张某支付的全部购房款后，于2007年4月30日将房屋正式交付给张某。

签订协议后，张某于2007年4月17日将全部购房款交付给小王的妻子小云，小云给张某出具了一张收条，写明收到张某给付的拆迁安置房屋购房款84万元整。张某支付了购房款后，小王便将拆迁安置房屋交付给张某，

---

① 北京市第二中级人民法院民事审判第一庭法官。

张某一直居住在拆迁安置房屋内。

2009年5月14日,小王因病去世。2011年5月12日,房屋所有权证办下来了,开发商依据《购房协议》将房屋所有权人登记在小王妻子小云名下,房屋性质为按经济适用住房管理。

拿到房屋所有权证后,小云开始犹豫。房屋价格一直上涨,当初卖给张某的价格明显低了,她非常后悔。看着手中的房屋所有权证,小云产生了一个想法,房屋所有权人登记的是自己的名字,《房屋买卖合同》也不是自己签订的,现在小王去世了,她可以说自己不知道,这样就可以重新谈房价了。于是,小云迟迟未给张某办理房屋转移登记。后来,张某从邻居处得知,房屋所有权证已经办下来了,于是找到小云,要求小云尽快办理房屋过户手续。但小云总是推脱。无奈,张某于2018年将小云诉至法院,要求小云为其办理拆迁安置房屋的所有权人变更登记手续。

小云辩称,拆迁安置房屋是小王享受国家福利政策分配的房屋,该房屋是基于小王在农村宅基地上所建房屋被拆除后分配的,而且小王生前只是家庭成员的代表人,拆迁安置房屋应当属于家庭共同财产。房屋没有进行分家析产,所以不是小王的个人财产。小王在未经小云同意的情况下无权签订《房屋买卖合同》。房屋所有权证登记的所有权人虽然为小云一人,但并不是小云的个人财产,登记只是一种形式,并不代表拆迁安置房屋的所有权属于小云个人,拆迁安置房屋应当属于家庭共同财产。

一审法院经过审理认为:第一,拆迁安置房屋由小王与开发商签订《购房协议》,虽然房屋所有权最终登记在小云名下,但系小王与小云的夫妻共同财产。《拆迁安置协议》中被拆迁安置人除小王夫妻二人外,尚载有两个孩子的名字。但签订合同时,并没有列上孩子的姓名,办理房屋所有权证时,也没有登记孩子的份额。所以,两个孩子只能作为被拆迁安置人,应当属于被拆迁安置房屋上的同一户口的其他人,享受国家拆迁给予的相关优惠,但此部分利益并非对实际安置房屋享有所有权,房屋所有权应以产权证登记为准,故法院对小云辩称拆迁安置房屋是家庭共同财产的请求,不予采纳。

第二,根据张某出具的证据及小云向张某出具的收条,可以证明张某确认购买了小王一家拆迁安置分配的房屋，并已支付了全部购房款。所以，法院认定张某购买了拆迁安置房屋并已支付完毕全部购房款。

第三，拆迁安置房屋的性质虽为按经济适用住房管理，但双方诉争的拆迁安置房屋已经于 2011 年 5 月 12 日取得房屋所有权证，至张某起诉要求小云办理房屋所有权转移登记手续的时间已满 5 年，且拆迁安置房屋无查封、无抵押，符合办理房屋过户手续的条件。

综上，一审法院认为张某的诉讼请求理由充分，于法有据，支持了张某的诉讼请求，判决小云为张某办理拆迁安置房屋的过户登记手续。宣判后，小云不服一审判决，提起上诉。二审法院最终判决，驳回了小云的上诉，维持一审原判。

法理分析

本案主要涉及物权归属及合同履行两部分法律内容。下面我们分别了解一下相关的法律概念及法律条文。

（一）物权归属

1. 物权的取得

物权是指权利人依法对特定的物享有直接支配和排他的权利。物权的主体是特定的权利人，具有高度概括性。物权可以分为所有权和他物权。所有权是指所有人依法享有对其他财产进行占有、使用、收益和处分的权利，是指所有人在法律规定的范围内，独占性地支配其他财产的权利。物权的取得，就是基于法律行为和事实行为而取得的所有权或他物权。

本案中，小王的房屋被拆除时，村委会对其进行的是货币补偿，并非房屋产权调换。也就是说，小王所得到的拆迁安置房屋并不是基于拆迁获得的产权调换房屋，而是小王使用村委会给付的拆迁补偿款，并享受了相关拆迁优惠政策，从开发商处另行购买的房屋。所以，小王在拆迁时，获得的是货币补偿，并非拆迁安置房屋。小王取得拆迁安置房屋的所有权（即物权）是通过与开发商签订《购房协议》后才得以实现的。

2. 物权的设立、变更

物权的设立、变更必须依据法定的公示方法予以公开，使第三人能够及时了解物权的变动情况。《物权法》第六条（现《民法典》第二百零八条）规定，不动产物权的设立、变更、转让和消灭，应当依照法律规定登记。动产物权的设立和转让，应当依照法律规定交付。这就确立了公示原则。物权的公示方法必须由法律明确规定，而不能由当事人随意创设。《物权法》第十六条（现《民法典》第二百一十六条）规定，不动产登记簿是物权归属和内容的根据。不动产登记簿由登记机构管理。第十七条（现《民法典》第二百一十七条）规定：不动产权属证书是权利人享有该不动产物权的证明。不动产权属证书记载的事项，应当与不动产登记簿一致；记载不一致的，除有证据证明不动产登记簿确有错误外，以不动产登记簿为准。

本案中，《拆迁安置协议》中虽然将小王的两个孩子列为应安置人口，但因小王使用拆迁补偿款购房，与开发商签订《购房协议》时没有将两个孩子的名字列入协议中，而且在办理房屋所有权证时，小云也没有要求在房屋所有权证中列明孩子的份额。所以，两个孩子只作为拆迁安置房屋上同一户口的其他人，享受拆迁给予的相关优惠政策，但对房屋的所有权并不享有当然的权利。

3. 婚姻关系存续期间的物权登记

在物权登记中，许多家庭将夫妻共同房产登记在一人名下。此时，不能简单依据登记将夫妻共同财产确认为个人财产。《婚姻法》第十七条（现《民法典》第一千零六十二条）规定："夫妻在婚姻关系存续期间所得的下列财产，归夫妻共同所有：（一）工资、奖金；（二）生产、经营的收益；（三）知识产权的收益；（四）继承或赠与所得的财产，但本法第十八条第三项规定的除外；（五）其他应当归共同所有的财产。夫妻对共同所有的财产，有平等的处理权。"

本案中，小云是小王的妻子，拆迁安置房屋是在二人婚姻存续期间购买的，所以，拆迁安置房屋虽然登记在小云一人名下，但应当属于小王与小云的夫妻共同财产。

（二）合同履行

1. 合同履行的概念

合同的履行，是指债务人全面地、适当地完成其合同义务，债权人的合同债权得到完全实现。也有学者认为，合同的履行是指债务人依债务本旨而实现债务内容的给付。

2. 合同履行的原则

合同履行的原则，是指当事人在履行合同债务时所应当遵循的基本准则。在基本准则中，有的是基本原则，如诚实信用原则、公平原则、平等原则等；有的是专属于合同履行的原则，如适当履行原则、协作履行原则、经济合理原则、情事变更原则等。

3. 合同履行主体

合同履行的主体首先为债务人，包括单独债务人和共同债务人。其次，债务人的代理人也可代债务人履行。另外，在某些情况下，第三人亦可为履行主体。

《继承法》第三十三条[①]规定，继承遗产应当清偿被继承人依法应当缴纳的税款和债务，缴纳税款和清偿债务以他的遗产实际价值为限。超过遗产实际价值部分，继承人自愿偿还的不在此限。继承人放弃继承的，对被继承人依法应当缴纳的税款和债务可以不负偿还责任。此条规定中的"债务"显然并非专指金钱债务，也包括被继承人生前订立合同项下的义务。

本案中，《房屋买卖合同》是小王与张某签订的，但在合同履行过程中，小王去世，小云作为小王的第一顺位法定继承人，在未表示放弃继承小王遗产的情况下，应当继续履行《房屋买卖合同》中约定的小王的合同义务，即为张某办理拆迁安置房屋的房屋所有权转移登记手续。

[①]《民法典》第一千一百六十一条规定："继承人以所得遗产实际价值为限清偿被继承人依法应当缴纳的税款和债务。超过遗产实际价值部分，继承人自愿偿还的不在此限。继承人放弃继承的，对被继承人依法应当缴纳的税款和债务可以不负清偿责任。"

知识拓展

随着改革开放的不断深入，社会经济的不断发展，人民收入的不断增加，人们对于居住环境的需求也不断升级。在活跃的房地产交易市场中，陷阱非常多。而住房是每个家庭的大事，能够顺利购买到称心如意的房屋是每一位购房者的心愿。在合同履行中，如果遇到合同一方当事人死亡的情况，不用着急，要学会用法律保护自己。对于自己所签订的合同能否得到法律的保护，我们应当关注以下几点：

（一）合同合法有效

合同具有拘束当事人各方的效力。合同履行的前提是依法成立，具有法律效力。所谓合同的效力，又称合同的法律效力，是指法律赋予依法成立的合同具有拘束当事人各方乃至第三人的强制力。从根源上讲，其是合同法等法律赋予合同，由国家的强制力保障的，在债务人违约时，法律依守约方的请求强制违约方实际履行或承担其他不利后果。

《民法典》第四百六十五条规定，依法成立的合同，受法律保护，对当事人具有法律约束力。合同对当事人各方的拘束力包括：（1）当事人负有适当履行合同的义务；（2）违约方依法承担违约责任；（3）当事人不得擅自变更、解除合同，不得擅自转让合同权利义务；（4）当事人享有请求给付的权利、保有给付的权利、自力实现债权的权利、处分债权的权利、同时履行抗辩权、不安抗辩权、保全债权的代位权和撤销权、担保权等；（5）法律规定的附随义务也成为合同效力的内容。

因此，为确保我们在房屋买卖合同中约定的权利得到法律的保护，合同相对方应该合理审慎地履行审查义务，避免因合同无效而损害自身利益。

（二）合同标的具备履行条件

买卖合同，是出卖人转移标的物的所有权于买受人，买受人支付价款的合同。买卖的目的之一是转移标的物的所有权。对于房屋买卖合同来说，房屋就是买卖的标的物，房屋能否顺利办理所有权转移登记手续是履行房屋买卖合同的关键之一。房屋买受人要求房屋出卖人的继承人继续履行合同，为其办理房屋所有权转移登记手续的前提是交易的房屋必须符合办理房屋所有权转移登记的条件。

案例：2010年5月18日，马强与单位签订了一份《内部公有住房买卖合同》，从单位购买了一套位于北京市房山区燕山的房屋。2013年2月26日，马强将从单位购买的房屋以38万元的价格出售给李军。2013年2月28日，马强因病去世。房屋一直没有办理所有权转移登记手续。2014年，李军起诉至法院，要求马强的继承人履行合同义务，将房屋所有权转移登记至李军名下。

法院审理后认为，马强与李军签订的房屋买卖合同合法有效。马强在履行合同过程中死亡，其继承人应继续依约履行合同。但因房屋属于"央产房"，按照相关"央产房"的管理规定及双方合同约定，双方买卖的房屋在上市交易前，应当先行办理上市审批手续。现双方均认可尚未办理房屋的上市审批手续，且目前亦无证据证明原产权单位对房屋的上市交易表示同意。故在此情况下，直接判决马强的继承人将房屋所有权转移登记至李军名下不妥。最终，二审法院判决驳回了李军的诉讼请求。

上述案例警示我们，上市交易的房屋必须符合办理房屋转移登记手续的条件，购房人在购买时一定要仔细审核，如房屋是否存在抵押、查封的情形，房屋是否属于政策性限制出售的房屋（如经济适用房、"两限房"、"央产房"）等，以避免给自己造成不必要的损失。

（三）合法维权

房屋买卖合同签订后，如果合同一方当事人死亡，其继承人无权终止履行合同。对于合同终止，法律是有明确规定的。《民法典》第五百五十七条规定："有下列情形之一的，债权债务终止：（一）债务已经履行；（二）债务相互抵销；（三）债务人依法将标的物提存；（四）债权人免除债务；（五）债权债务同归于一人；（六）法律规定或者当事人约定终止的其他情形。合同解除的，该合同的权利义务关系终止。"小王与张某签订的《房屋买卖合同》并非人身依附性合同，而且合同一方当事人死亡的情形也不属于法定的合同终止情形。

案例：2016年1月23日，王某、罗某与吴某签订《上海市房地产买卖合同》及《补充协议》，约定吴某将房屋出售给王某、罗某，房屋成交价300万元，装修补偿款90万元。合同签订后，王某、罗某支付了部分款项。后因吴某于2016年2月9日死亡，合同未再继续履行。王某、罗某遂将吴某的继承人诉至法院，请求吴某的继承人履行合同义务，为二人办理房屋转移登记手续。

法院审理后认为，双方签订的合同为有效合同。首先，虽然吴某在合同履行过程中死亡，但，一者，房屋买卖合同并非人身依附性合同；二者，合同一方当事人死亡的情形不属于《合同法》规定的合同终止情形；三者，双方当事人亦未约定此种情形下合同终止。因此，吴某的继承人认为合同自然终止的主张，于法无据。其次，吴某的继承人作为吴某的第一顺位法定继承人，未表示放弃继承，依据《继承法》第三十三条（现已失效，相关规定见《民法典》第一千一百六十一条）的规定，吴某的继承人理应在继承遗产范围内对被继承人吴某的债务承担清偿责任。此条规定中的"债务"显然并非专指金钱债务，当然也包括被继承人生前订立合同项下的义务。法院最终判决支持了王某、罗某的诉讼请求。

普法提示

随着我国综合国力的进一步增强，人们对于房地产市场的需求也急剧增加。住房者根据经济收入的变化逐步改善自己的居住品质，住房市场形成阶梯式消费的态势，消费特点从安置型到实用型再到舒适型。人们不再局限于一次性购房，房地产市场交易非常活跃。这就需要我们增强诚信意识、法律意识、公平意识、审慎意识。同时，政府应不断完善监管制度，以确保房地产市场健康、规范、有序地发展，形成良好的交易环境。

人民权益要靠法律保障，法律权威要靠人民维护。依法订立合同，诚信履行合同是我们每位公民的权利与义务。特别是在合同履行过程中，更需要我们坚守权利与义务统一的对等性。合同的履行，既是合同效力的主要内容，又是合同关系消灭的主要原因。合同法的价值就在于以法律所具有的特殊强制力，保障合同当事人正确履行合同，使合同关系归于消灭，通过合同关系的不断产生、不断履行和不断消灭，实现社会经济流转。相信只要我们不断强化法治观念，坚持诚信原则，我们的生活会日新月异，幸福指数会不断提高。

案例二 | **房屋买卖合同的履行**
——实际交付的房屋与约定不一致责任由谁承担？

蒋春燕[①]

案情回顾

买房对许多家庭来说是件大事，选房时房屋的原始状态以及房屋的装饰装修、家具家电不仅会影响买方对房屋的第一印象，还会对最终确定房屋的价款产生影响。有时经过精心挑选、协商谈判终于签订了房屋买卖合同，眼看合同即将履行完毕，结果交接房屋时却不欢而散。本案例中的主人公袁大在收房时，就被眼前的房屋状态打了个措手不及，最终与卖家闹上了法庭。

（一）纠纷始末

2017年12月中旬，袁大经中介公司介绍与卖房人唐丽签订了一份《北京市存量房屋买卖合同》，由袁大购买唐丽所有的稻花南里302室住房一套。双方约定房屋成交价格为273万元，另房屋家具、家电、装饰装修及配套设施设备等作价30万元。唐丽应于2018年9月30日之前将该房屋交付给袁大，双方特别约定交付房屋时应当履行的义务有：1. 出卖人与买受人共同对该房屋附属设施设备、装饰装修、相关物品清单等具体情况进行验收，记录水、电、燃气表的读数，并交接补充协议及物业交割单中所列物品；2. 买卖双方在房屋附属设施设备、装饰装修、相关物品清单上签字；3. 移交该房屋房门钥匙。双方对办理房屋权属转移的时间、唐丽逾期交房及袁大逾期支付房款的违约责任进行了约定。袁大与唐丽在合同其他条款中还约定，关于装饰、装修、家具、家电等附属设施清单的约定显示，以下装饰、装修及附属设施

---

① 北京市第二中级人民法院民事审判第一庭副庭长、法官。

保持原状：卫浴设施设备、整体橱柜、地板、墙壁、门窗、热水器、暖气片。家电中油烟机数量为1，灶台数量为1。合同签订后袁大支付了定金及部分房款，2018年5月10日，房屋过户至袁大名下。截至双方约定的交房日前一天即2018年9月29日，唐丽给袁大发微信表示于当天交付房屋，袁大当时正在外地出差未在北京，故委托中介公司的小元代为查看房屋，当日小元填写了物业查验交接单，写明水、电、燃气余额，10把门钥匙，3张门禁卡，2把信箱钥匙，其他未尽事宜处列明水卡、电卡、燃气卡各1张，唐丽将相关钥匙及卡也交给了小元。第二天，袁大和小元共同查看房屋时发现，房屋整体橱柜中的消毒柜不翼而飞，家具家电搬离，且墙壁上遗留有家具、家电搬离后的孔洞，部分墙壁处有污渍，卧室门框局部开裂，一卧室窗户玻璃破碎，部分灯具被拆卸搬离。袁大顿时火冒三丈，认为房屋现状与当初约定不符并当即表示拒绝收房，于是小元于当天又将钥匙及卡交还给唐丽。经协调，双方未能就赔偿及退费问题达成一致。两天后，袁大担心唐丽再对房屋下手，于是乘着天黑自行撬锁并控制涉案房屋。袁大认为唐丽未按约定时间交付房屋，交付的房屋设施设备有缺失和损害，与约定不符，有违诚实信用原则，一纸诉状将唐丽告上法庭，要求唐丽赔偿逾期交房违约金及房屋设施设备损害赔偿金。

（二）法院判决

唐丽认为，其已按双方约定的时间和房屋内的设施交付了房屋，其搬走消毒柜有合法依据，搬走房屋内的家具家电在墙上遗留的痕迹属于合理范畴，不存在违约行为，不应承担赔偿责任。

同时唐丽提出反诉，认为交割清单明细上没有列明的木质楼梯、燃气壁挂炉、客餐厅灯其有权带走，要求袁大折价赔偿并承担逾期办理物业交割的违约责任。

袁大认为木质楼梯、燃气壁挂炉、客餐厅灯应一并转让，不同意支付折价款。

一审法院经审理后认为，依法成立的合同，对当事人具有法律约束力。

当事人应当按照约定履行自己的义务，不得擅自变更或者解除合同。唐丽和袁大签订的合同，合法有效。根据合同约定，涉案房屋属于二手房，且家具家电不在出卖范围，则交付房屋时唐丽将房屋内的家具家电拆卸、搬离，拆卸过后墙壁上遗留孔洞属于必然发生的现象，袁大应该明知。合同虽然标明厨房整体橱柜属于房屋留存的装修及附属设施，但消毒柜应定性为家具家电，唐丽可以搬离，对于墙壁污渍及门框开裂，袁大并未提交充分证据证明该现象为签订房屋买卖合同后发生，且二手房存在上述现象亦在可接受的情理范围之内。关于卧室玻璃，因破损程度较高，唐丽应在交接房屋之前将上述瑕疵修复，但该瑕疵不足以成为袁大拒绝接收房屋的理由，法院对玻璃更换费用予以酌定300元。唐丽已按合同约定时间履行了交付房屋的义务，袁大拒绝接收且未按约办理物业交割，应承担违约责任。根据交易惯例及常理认知，木质楼梯应是附属于房屋的不可移动的装修部分，燃气壁挂炉属于开发商交付房屋时自带且必备的设施设备，客餐厅灯属于可留下的房屋附属物，故唐丽均无权要求折价赔偿。

一审宣判后，袁大不服，提出上诉，其仍坚持应由唐丽承担逾期交房及房屋财产损害的赔偿责任。唐丽同意一审法院判决。二审法院经审理驳回袁大的上诉，维持原判。

案件争议的焦点是买房人在收房时发现房屋现状与约定不符能否拒绝收房？如果拒绝收房，产生的后果及责任由谁承担？如果同意接收房屋，后续能否主张赔偿损失或主张由对方承担修复责任？这些也是我们讨论的重点问题。

法理分析

房屋买卖合同是出卖人转移房屋的所有权于买受人，买受人支付房屋价款的合同。有偿转移房屋的所有权是房屋买卖合同的最基本特征。房屋买卖合同有效成立后，卖房人除依据合同负有向买受人交付房屋并协助办理房屋过户登记手续的义务外，还负有房屋的瑕疵担保责任。而对房屋的瑕疵担保责任又分为房屋物上的瑕疵担保责任和权利瑕疵担保责任。本节主要分析的是房屋物上的瑕疵担保责任的承担方式。合同内容一般包括当事人的名称、标的、数量、质量、价款或报酬、履行期限、地点和方式、违约责任、解决争议的方法等。质量要求是合同的主要条款。简单来说，房屋买卖合同中卖方承担的物上的瑕疵担保责任即指卖方应保证交付的房屋符合合同约定的质量。《合同法》第一百四十八条（现已失效，相关规定见《民法典》第六百一十条）规定，因标的物质量不符合质量要求，致使不能实现合同目的的，买受人可以拒绝接受标的物或者解除合同。买受人拒绝接受标的物或者解除合同的，标的物毁损、灭失的风险由出卖人承担。

根据以上规定，买方拒收房屋或解除合同应有三个条件：一是标的物的质量不符合质量要求。这里的质量要求不仅指出卖人交付的标的物应符合相关的质量标准，也包括当事人对标的物的约定。卖方对于房屋物上的瑕疵担保责任即指卖方应保证其交付的房屋符合国家规定的质量标准和买卖双方约定的质量标准。房屋不符合规定或约定的质量标准即定义为瑕疵。房屋的物上的瑕疵担保责任具体指卖方应承担房屋交换价值瑕疵担保责任、效用和品质的瑕疵担保责任。其中品质瑕疵担保又以买卖双方的约定为准。上述案例中，袁大拒收房屋的主要理由即是认为唐丽违反了对房屋的品质担保。二是合同目的不能实现。因为质量没有达到当事人的约定或者相关质量标准致使买受人购买标的物的目的落空。买房人购买房屋的合同目的一般是用于居住使用，也有的是用于投资等其他目的。袁大购买房屋主要是用于自住，买卖合同中也无袁大购买房屋系用于经营或其他特殊使用目的的约定。三是买受人选择了拒绝接受标的物或者解除合同。只有在不能实现合同目的时，买受人才能拒绝接受瑕疵标的物。

上述案例中，袁大在验收房屋时，发现唐丽交付的房屋橱柜中的消毒柜拆除，墙壁有污渍、划痕和孔洞，玻璃有破损，家具家电搬离，遂当场拒绝接收房屋，并以此理由在诉讼中主张唐丽逾期交房，要求其承担违约责任。但上述质量瑕疵并不能导致袁大的买房目的不能实现，因此袁大不能拒收房屋，更不能据此主张唐丽未按约定时间交付房屋并要求其承担逾期交房的违约责任。

案例中，袁大最终又自行撬门而入占有房屋，表示其同意接收房屋，那其能否主张对方赔偿损失或者承担修复责任呢？《合同法》第一百零七条（现《民法典》第五百七十七条）规定，当事人一方不履行合同义务或者履行合同义务不符合约定的，应当承担继续履行、采取补救措施或者赔偿损失等违约责任。《合同法》第一百五十五条①规定："出卖人交付的标的物不符合质量要求的，买受人可以依照本法第一百一十一条的规定要求承担违约责任。"《合同法》第一百一十一条②规定："质量不符合约定的，应当按照当事人的约定承担违约责任。对违约责任没有约定或者约定不明确，依照本法第六十一条的规定仍不能确定的，受损害方根据标的的性质以及损失的大小，可以合理选择要求对方承担修理、更换、重作、退货、减少价款或者报酬等违约责任。"据此，袁大不能拒收房屋，但可以要求唐丽承担因违反瑕疵担保责任的违约责任或赔偿责任，唐丽因交付的房屋玻璃破损严重，其应承担更换或折价赔偿的责任。

对于唐丽所主张的未在合同清单中列明的木梯、壁挂炉及客餐厅灯具其是否有权取走或要求折价赔偿的问题，这又涉及对上述物品的法律定性。《最高人民法院关于贯彻执行〈中华人民共和国民法通则〉若干问题的意见（试行）》（现已失效）第一百八十六条规定，土地、附着于土地的建筑物及其他定着物、建筑物的固定附属设备为不动产。这里的不动产分为附着建筑物、定着物、固定附属设备。定着物即固定于土地并且不能移动的有独立实用价值的物，在房屋转让时，应一并转让。附着物是依附于不动产且分离后不能发挥使用效用的物，应根据连接程度和约定确定是否随房屋一并转让。固定附属设备，应随房屋一并转让。案例中的木梯、客餐厅灯具应确定为附着物，壁挂炉为附属物，因合同无特殊约定，因此应随房转让，唐丽无权要求折价赔偿。

---

① 《民法典》第六百一十七条规定："出卖人交付的标的物不符合质量要求的，买受人可以依据本法第五百八十二条至第五百八十四条的规定请求承担违约责任。"

② 《民法典》第五百八十二条规定："履行不符合约定的，应当按照当事人的约定承担违约责任。对违约责任没有约定或者约定不明确，依据本法第五百一十条的规定仍不能确定的，受损害方根据标的的性质以及损失的大小，可以合理选择请求对方承担修理、重作、更换、退货、减少价款或者报酬等违约责任。"

> 知识拓展

关于房屋买卖合同履行过程中因认为实际交付的房屋与合同约定不一致引发纠纷的案例还有很多，最终法院能否支持当事人的诉求，取决于当事人所能提供的证据是否充分，以及是否违反诚实信用原则。以下这个案例就涉及双方对于交付的房屋附属设施清单仅约定类别和数量，对于材质品牌未予明确，导致产生纠纷，最终法院根据举证责任和诚实信用原则，判决支持了买方部分诉讼请求。

小陈与小祁签订《北京市存量房屋买卖合同》，约定小陈将其名下的5号房屋出售给小祁，房屋成交价200万元，家具、家电、装饰装修及配套设施作价290万元，总价490万元。在房屋的附属清单中家具部分的约定为："床，品牌：（空）数量：2；沙发：品牌：（空）数量：1；衣柜：品牌（空）数量：2。"后双方在办理交接手续时，小祁提出双方约定交接的是红木家具，现房屋内家具与约定不符不予接收，后小祁诉至法院要求小陈赔偿15万元。一审法院认为双方在合同中未对家具材质、规格进行明确约定，据此驳回小祁的诉讼请求。小祁不服上诉至二审法院，二审法院经审理认定，小陈的房屋系对外公开出售，也曾对房屋状况进行过公证，结合中介公司的陈述，双方最初在商谈房屋价款时考虑了留下红木家具的因素，最终酌情判决小陈赔偿小祁10万元。从一、二审判决结果可以看出，改判的依据系对于基本事实的认定不同，《民事诉讼法》第六十四条（现第六十七条）第一款规定，当事人对自己提出的主张，有责任提供证据。当事人对自己提出的诉讼请求所依据的事实或反驳对方诉讼请求所依据的事实有责任提供证据加以证明，没有证据或证据不足以证明当事人的事实主张的，由负有举证责任的当事人承担不利后果。上述案例虽合同中仅列明了两个床、两个衣柜、一个沙发，并没有列明具体的种类，但根据小祁在诉讼中提供的证据可以认定合同约定家具对外出售时公开的家具是特定的，有公证佐证；另外中介公司陈述，双方协商房价款时考虑了留下红木家具的因素；而小陈在房屋交付前将屋内家具搬走，另行更换为其他家具，也有违诚实信用原则。因此根据小祁所提供的证据可以认定，看房时的家具为小陈应向小祁交付的家具，小陈应承担与搬走的红木家具价值相应的损失赔偿责任。

普法提示

房屋是人们日常生活中价值较大的生活资料，房屋买卖不仅关系着普通百姓的家庭生活稳定，同时也关系着整个社会经济秩序的重大民生。二手房交易过程中，买方想以最低的价格购买到合适的房子，卖方则考虑获得更高的售房利益，双方必定存在一定利益冲突。而二手房交易涉及的法律问题非常多，可以说"处处是雷"。上述两个案例主要涉及买方认为实际收到的房屋与约定不符，卖方违反了房屋的瑕疵担保责任，以及合同条款约定不明确而引发的合同纠纷。为避免类似纠纷的发生，促进社会公众相关风险防范意识的提高，特作如下提示：

（一）遵守契约精神

要将诚实守信原则贯穿合同履行整个过程。诚实守信是一切民事法律行为应当遵守的准则，切莫利欲熏心、见利忘义。卖方应在签约时主动将房屋的瑕疵状况如实向买方披露。

（二）妥善签订房屋买卖合同

一般通过中介公司签订合同，中介公司会提供存量房屋买卖合同格式范本，同时也会让双方签订补充合同，因此买卖双方应尽量在补充合同中将合同内容细化，不要图省事，对于房屋相关品质方面的内容约定要尽量详尽，特别是双方将房屋内的家具家电及附属设施设备列入交易范围的，应将家具家电的种类、品牌、材质、颜色，甚至尺寸等内容在交易清单中尽量明确具体约定，作为合同附件，避免产生不必要的纠纷。

（三）注重证据的保留

房屋买卖因手续较多，有时时间跨度也非常长，因此应注意保留相关证据。协商过程中有条件的可以采取录音录像的方式，通过手机短信或微信等电子工具沟通协商的要注意保存协商内容，对于双方协商一致达成合意的应及时形成书面内容由双方签字确认，甚至可以采取公证的方式固定相关证据。

（四）慎重拒收房屋和行使合同解除权

合同签订后应积极履行合同，促成交易目的的实现。鉴于双方买卖的是二手房，买方对于房屋的瑕疵状况应作理性判断，对房屋的品质不能苛刻要求，除非有特别的约定。如果卖方交付的房屋装饰装修及附带的家具家电与约定交付的有差异但并不影响房屋使用时，不构成根本违约。买方可选择继续履行合同，接收房屋，同时通过主张赔偿、修理、更换等追究卖方的违约责任来弥补损失，但不能向卖方主张解除合同或逾期交房的违约责任。

案例三 | **二手房买卖过程中，遇到"凶宅"怎么办？**
——解析司法实务对"凶宅"的认定及处理

王一洲[①]

案情回顾

（一）老伴不堪病痛折磨在楼道自缢身亡

老杜是一名普通的退休工人，与老伴冯老太一起长期居住在北京市大兴区。近年来，由于冯老太长期卧病在床、饱受病痛折磨，老杜一家的生活并不如意。2018年年初，冯老太又被确诊为癌症，突如其来的打击让冯老太彻底丧失了生活的勇气。8月的一天晚上，冯老太趁家人熟睡之际，在自家房屋外楼梯间自缢身亡。

（二）老伴去世后，老杜将房屋售予王女士

故人已逝，生活还得继续。料理完老伴的后事，老杜尝试着自己一个人生活。渐渐地，老杜越来越不愿回家。他发现，每当回家时他就会不自觉望向老伴自缢的楼梯间，进而想起和老伴在一起的点点滴滴，陷入悲伤中无法自拔。深思熟虑后，老杜决定将居住了十余年的房子卖掉，彻底告别这个伤心地，开始新的生活。很快，老杜通过中介认识了买方王女士。由于小区环境好，家人对房子位置、户型、价格又都很满意，王女士和家人看了两次房以后，很快就于2018年11月与老杜签订了房屋买卖合同。

双方合同约定，老杜100余平方米的房屋和装修共作价465万元，中介费、保障服务费共11万余元，税费5万余元均由王女士负担。此外，合同

---

① 北京市第二中级人民法院民事审判第一庭法官助理。

还约定，老杜确认在其持有房屋期间，房屋本体结构内未发生非正常死亡事件，如老杜隐瞒，王女士可以撤销合同并要求老杜承担相应违约责任。

（三）王女士装修过程中听闻房屋竟是"凶宅"

很快，王女士就按约定申请了贷款，老杜也如约交付了房屋，双方于2019年1月办理了房屋产权变更登记手续。刚过户不到一个月，王女士就找到了装修公司，并向装修公司交付了3万余元定金，准备按自己的构想将房屋翻新，和家人一起迎接新生活的到来。为了确保装修的顺利进行，王女士还按物业公司的要求交付了房屋新一年的物业费3000余元。

事与愿违，一个突如其来的消息让王女士如五雷轰顶，愤怒不已，她原本对新房的憧憬顿时化为泡影。原来，装修队进场刚两天，王女士就从邻居处得知了老杜之妻冯老太在楼梯间自缢身亡的事。起初王女士并不相信，但是邻居们的闲言碎语很快就让王女士一家坐不住了。没过多久，王女士就从物业和派出所了解到，前任房主老杜之妻冯老太确系在自家房外楼梯间自缢身亡。

想不到自己好不容易买的房子居然成了"凶宅"！王女士一家无论如何也无法接受。一方面，择吉地而居是中国人的习惯，自己一家住"凶宅"，迈不过心理上的坎儿；另一方面，"凶宅"严重影响了房屋的市场价格，自己却还是按市场价购得的房屋。还没住，房屋的价值就大打折扣，这让王女士更是无法接受。事已至此，王女士只好立即与老杜联系要求退房。买房容易退房难，好不容易从阴影里走出来的老杜根本不肯答应。迫不得已，王女士只好让装修队停工，自己先和老杜商量怎么退房。

（四）王女士一怒之下诉请法院撤销二手房买卖合同

俗话说"安居乐业"，只有先"安居"后才能"乐业"。一段时间以来，房子成了国人生活中的头等大事，王女士一家也不例外。自从知道了前任房主的老伴在自家房外楼梯间自缢的事，王女士一家的生活便陷入了困境：为了凑钱买新房，自己的旧房早卖了，现在新房无法入住，老杜又拒绝退房，自己还得还房贷，一家还得边租房边与老杜商量，期盼老杜能够同意退房。

山重水复疑无路，柳暗花明又一村。深感上当的王女士一家，思来想去，很快就意识到了事情的不对劲。第一，王女士在购房前是老杜领着看的房，其间王女士还专门问过老杜老伴的情况。老杜和中介都答复王女士，老杜老伴是因病在医院去世，这明显属于欺诈。第二，王女士通过中介购房，房屋买卖合同也系中介提供。合同中明确约定，老杜出售"凶宅"应该承担违约责任。第三，王女士为了保障自己所购房屋不属于"凶宅"，还根据中介公司的要求，交了2万余元的服务保障费。根据约定，就算自己买到"凶宅"，中介公司也应该全额回购自己所购的房屋。

想到这里，王女士很快就与中介公司取得了联系。可是现实又给王女士泼了盆冷水。中介公司答复王女士称，合同里对"凶宅"的定义有明确的约定，只有前任房主及其近亲属在持有房屋期间，房屋本体结构内发生过非正常死亡事件的才能是"凶宅"。老杜之妻在自家房屋外楼梯间自缢，不属于合同中约定的"凶宅"，中介公司不能回购。现在买卖合同已经履行完毕，中介费也无法退还。

深感被骗、愤懑不已又走投无路的王女士不得不向专业人士咨询。最终，在律师的建议下，王女士于2019年3月向法院提起诉讼，要求撤销其与老杜的房屋买卖合同，并要求老杜赔偿其购房款利息损失、物业费、印花税、中介费、装修费用共计16万余元。

（五）老杜构成欺诈，合同应予撤销并由老杜赔偿损失

经过审理，终审法院认为，当事人有约定时，在个案中应当以双方的约定来判断是否为"凶宅"。鉴于老杜和王女士在合同中明确约定了"凶宅"的情形，且老杜之妻冯老太非正常死亡地点在房屋本体结构之外的楼梯间，因此可以排除王女士所购房屋为日常意义上的"凶宅"。但在双方合同缔约过程中，王女士曾询问老杜之妻的死亡过程，老杜为促成交易，并未如实陈述。且从王女士在开始装修后仍然要求撤销合同的举动，可以反推老杜的隐瞒行为导致王女士对房屋产生了错误认识，因此老杜构成欺诈，王女士可以

依法撤销合同并要求老杜赔偿损失。至于王女士的居间服务费损失，因与本案房屋买卖合同并非同一法律关系，故王女士可另案主张。

最终，法院判决撤销老杜与王女士的房屋买卖合同并由老杜赔偿王女士各项损失共计5万余元。

法理分析

（一）允许反悔——遇到"凶宅"的维权途径

在本案中，王女士虽然因被欺诈买到了不如意的二手房，但最终通过法律途径维护了自己的合法权利，不仅退了房还要回了相应的损失。那么作为买房人，遇到"凶宅"时，该如何正确保护自己的合法权利呢？

一般而言，在双方没有特殊约定的前提下，买到"凶宅"要求退房，可供选择的法律途径有二：一是以重大误解为由要求撤销合同；二是以欺诈为由要求撤销合同。《合同法》第五十四条①规定："下列合同，当事人一方有权请求人民法院或者仲裁机构变更或者撤销：（一）因重大误解订立的；（二）在订立合同时显失公平的。一方以欺诈、胁迫的手段或者乘人之危，使对方在违背真实意思的情况下订立的合同，受损害方有权请求人民法院或者仲裁机构变更或者撤销。当事人请求变更的，人民法院或者仲裁机构不得撤销。"所谓重大误解，是指误解者作出意思表示时，对涉及合同法律效果的重要事项存在认识上的显著缺陷，其后果是使误解者的利益受到较大的损失，或者达不到误解者订立合同的目的。所谓欺诈，是指一方当事人故意隐瞒真实情况或者故意告知对方虚假事实，诱使对方陷入错误认识而作出错误的意思表示。

重大误解和欺诈，虽然都是可以撤销合同的法定事由，但二者的构成要

---

① 《民法典》第一百四十七条规定："基于重大误解实施的民事法律行为，行为人有权请求人民法院或者仲裁机构予以撤销。"第一百四十八条规定："一方以欺诈手段，使对方在违背真实意思的情况下实施的民事法律行为，受欺诈方有权请求人民法院或者仲裁机构予以撤销。"

件并不一致，所产生的法律后果也不完全相同。在构成要件上，在重大误解和欺诈中，陷入重大误解和被欺诈的一方都存在错误认识，但使其陷入错误认识的因素不同，重大误解中的错误认识系其自身原因所致，欺诈中的错误认识则系合同另一方或第三方原因所致。在法律后果上，《合同法》第五十八条①规定："合同无效或者被撤销后，因该合同取得的财产，应当予以返还；不能返还或者没有必要返还的，应当折价补偿。有过错的一方应当赔偿对方因此所受到的损失，双方都有过错的，应当各自承担相应的责任。"由于卖方是否存在过错显有不同，在卖方是否应当承担损害赔偿责任的问题上，重大误解和欺诈也存在显著区别。

具体而言，在涉"凶宅"纠纷中，如果卖方故意隐瞒"凶宅"这一足以影响买方缔约目的的事实，则卖方构成欺诈。买方可根据欺诈主张撤销房屋买卖合同并要求卖方承担损害赔偿责任，实现退房和获得损害赔偿的目的。如果卖方对所售房屋为"凶宅"并不知情，买方系因自身原因"不小心"买到"凶宅"，此时卖方往往并无过错，则买方可根据重大误解主张撤销房屋买卖合同。但此时，买方仅可实现退房的目的，卖方因为并无过错，无须承担损害赔偿责任。

实践中，构成欺诈的"凶事"往往发生于涉诉房屋买卖合同的卖方当事人持有期间。而构成重大误解的"凶事"往往并非发生于涉诉房屋买卖合同的卖方当事人持有期间。在此情况下，卖方往往对涉诉房屋是否属于"凶宅"并不知情，因此并不存在欺诈的可能。此时，买方若从其他途径得知所购房屋系"凶宅"，可以以重大误解为由主张撤销合同。

（二）存在限制——维权的时间很重要

合同自由是现代合同法的基本原则，捍卫合同自由的前提是缔约过程中

---

① 《民法典》第一百五十七条规定："民事法律行为无效、被撤销或者确定不发生效力后，行为人因该行为取得的财产，应当予以返还；不能返还或者没有必要返还的，应当折价补偿。有过错的一方应当赔偿对方由此所受到的损失；各方都有过错的，应当各自承担相应的责任。法律另有规定的，依照其规定。"

双方的意思均为自身真实意思表示。在欺诈和重大误解中，因为种种原因，买卖双方的意思表示受到了严重干扰，妨害了合同主体的合同自由，因此法律给了相关主体一定的救济途径。

但"法律不保护躺在权利上睡觉的人"，主张撤销合同的权利，直接影响合同是否得以继续履行，影响正常的市场交易秩序，因此法律对撤销合同这一权利的行使另外附加了条件——时间。《民法总则》第一百五十二条（现已失效，相关规定见《民法典》第一百五十二条）规定："有下列情形之一的，撤销权消灭：（一）当事人自知道或者应当知道撤销事由之日起一年内、重大误解的当事人自知道或者应当知道撤销事由之日起三个月内没有行使撤销权；（二）当事人受胁迫，自胁迫行为终止之日起一年内没有行使撤销权；（三）当事人知道撤销事由后明确表示或者以自己的行为表明放弃撤销权。当事人自民事法律行为发生之日起五年内没有行使撤销权的，撤销权消灭。"因此，买方如果知晓自己所购房屋属于"凶宅"，应该立即拿起法律武器，通过诉讼的方式向对方主张撤销权，以免"反悔的权利"罹于时效。

本案中，王女士虽然认为涉案房屋属于"凶宅"，并以欺诈和重大误解为由主张撤销房屋买卖合同，但法院根据合同中对"凶宅"的约定及社会一般认识，最终认定涉诉房屋并非"凶宅"。尽管法院未认定涉诉房屋系"凶宅"，但考虑到老杜在应当知晓其妻在涉诉房屋外楼梯间非正常死亡的事实会影响房屋交易价值甚至是王女士缔约意愿的情况下，仍然向王女士故意隐瞒该事实，属于欺诈，且王女士从知晓其被欺诈之日起至提起诉讼止，尚未超过一年的法定除斥期间，因此法院终审支持了王女士的诉讼请求，判决撤销了双方的房屋买卖合同。

尽管在中介的参与下，买卖双方对所交易的房屋基本情况会有相对清晰的认识，但因种种原因，由"凶宅"引发的纠纷仍屡见不鲜。如果在二手房交易过程中，不幸购得了"凶宅"，可立即通过法律途径寻求救济，及时止损。

知识拓展

（一）何谓"凶宅"？

趋吉避凶、择吉地而居，是中华民族普遍遵从的社会风俗，反映着人们基于对美好生活向往的积极心理暗示。因此，一般来说，社会普遍将某些发生过非正常死亡的房屋命名为"凶宅"，其是日常生活中人们追求喜庆吉祥、忌讳死亡和趋利避害心理演化的产物。基于此，一般人对"凶宅"有所忌惮，这种心理感受当然是纯粹主观的，对房屋本身的使用价值不存在任何影响。但另外，一旦这种主观感受具备了一定规模，为社会较多数人所接受，势必会影响房屋的交易价值甚至出现无人问津的情况，这将进而影响着部分人的合同目的能否实现，因此在司法上对"凶宅"予以特殊关照，并非基于主观的封建迷信，相反属于对缔约自由的维护，存在法律规制必要。

虽然"凶宅"需要法律规制，但是"凶宅"并非一个法律概念。目前尚无实体法律规范对其进行准确的定义。对社会大众而言，亦没有权威机构对"凶宅"的内涵进行准确的、广为接受的定义。对市场交易主体而言，受个体差异影响，个体对何谓"凶宅"的主观感受各不相同，边界更不清晰。因此，在法律适用上，何谓"凶宅"存在一定的模糊之处。这也给司法实务带来了不少困扰。

在司法实务中，判断是否为"凶宅"不能仅以个体的主观感受为依据，而应基于社会共识作出判断。虽然"凶宅"没有明确定义，但通过日常交易实践对"凶宅"认识的不断累积，社会逐渐形成了一种相对明确的判断共识。这种共识，即可用于司法实务。具体而言，是否为"凶宅"，应结合以下规则综合判断：

一是"凶事"应限于死亡。"凶宅"的"凶事"应仅限于死亡，而不包括意外事件引起的各种伤害、堪舆学上的"风水"等。生活是丰富多彩的，从哲学上说，生活也充斥着偶然性。将发生过意外伤害等一般意外事件或"风水"不好的房屋纳入"凶宅"的概念不仅与生活严重脱节，不符合社会共识，也严重妨碍了正常的市场交易秩序，对个别人的特殊心理进行普遍的关照并不符合比例原则（当然，这种特殊心理可以通过载入合同的形式来进行保护）。因此，无论是从社会共识还是从法律适用的角度，"凶宅"的"凶事"应仅限于死亡。

二是死亡形式应限于非正常死亡。从市场来看，被广为接受的"凶宅"毕竟属于少数。而自然生老病死属于人之常情，如果将发生过正常死亡的房屋归入"凶宅"则显然与实际不符，亦与常理不合。因此应该将"凶宅"限于非正常死亡。

三是非正常死亡的地点应与房屋或专有部分在空间上有紧密联系。房屋买卖的标的主要为房屋本体，城市中，合同的主要标的更是限于房屋的专有部分。司法中，认定是否属于"凶宅"的目的在于对"欺诈"和"重大误解"进行判断，以期保护合同主体的真实意思表示，维护合同自由。将非正常死亡限于与房屋或专有部分在空间上有紧密联系的地点才有助于实现上述目的。

四是发生非正常死亡的时间。"太阳底下无新鲜事"，死亡，乃至非正常死亡无时无刻不在发生。从非正常死亡的发生到缔约的时间间隔长短对不同交易对象心理和房屋交换价值的影响各不相同。因此，对"凶宅"的判断也应将发生非正常死亡的时间纳入考虑因素。

综上，司法实践对"凶宅"的判断不应机械和教条，应当结合上述因素进行综合判断。当然，在当事人对"凶宅"有特殊约定时，则应当以双方的约定为依据，基于各方真实意思表示进行个性化判断。

（二）中介格式合同中"凶宅"的"猫腻"

如前所述，虽然社会对"凶宅"有一定的共识，但"凶宅"的概念并不清晰。个体基于自身生活经验的差异对何谓"凶宅"均有不同的认识。但在中介参与的二手房交易过程中，中介提供的格式合同，特别是其中的"凶宅"回购条款，一般对何谓"凶宅"有较为清晰的界定。一旦买方对该条款未予注意，则有可能出现自认为所购房屋系"凶宅"，但卖方和中介均不认可，又缺乏合同依据的被动局面。

中介出于自身调查水平等客观因素的限制，再加上为促成交易、规避自身风险等主观因素的影响，在其提供的格式合同中，一般将"凶宅"限定为"在房屋本体结构内发生过非正常死亡事件（包括但不限于自杀、他杀、从该房屋内坠出死亡、意外死亡等）"。应当说，这种定义并不能囊括所有的"凶宅"情形，比如，在房屋内行凶或非正常死亡发生在门外。因此，在缔约过程中，如果买方有特殊忌讳，则应对格式合同中的"凶宅"条款格外予以关注。

（三）"凶宅"买卖合同就一定会被撤销吗？

"凶宅"并非一个法律概念，现有法律也并未就"凶宅"单独作特殊规定。在法律上，允许购买"凶宅"的购房人在一定期限内通过诉讼的形式撤销房屋买卖合同，目的在于保护合同双方的真实意思表示。二手房交易市场中，"凶宅"在同等条件下价格相对低廉，但一样能寻找到合适的买方。因此，在某些条件下，"凶宅"买卖合同并不一定得不到法律的保护。比如，卖方向买方披露了"凶宅"，买卖双方均明知所交易的房屋属于"凶宅"，在此种情况下，买方便不得以欺诈或恶意串通为由主张撤销合同。

（四）出售房屋时，卖方应该披露哪些信息？

"凶宅"的交易之所以被法律规制，从根本上而言，涉及的是买方的合同自由，对卖方而言则涉及其信息披露义务。

从经济学的角度来说，风险应当由以最小成本避免损失的主体承担。在二手房买卖中，卖方由于自身占有房屋，其本身就有充分的动机和动力来发现关于不动产的相关信息，以获取最大的经济价值。而买方不占有房屋，其所能获得的信息往往受限，即使买方在缔约前获得进入房屋的机会，也会因为接触时间较短很难发现问题。因此，要求卖方负有披露房屋相关信息的义务具有充分的经济学依据。《民法典》第五百条也规定，当事人在订立合同过程中故意隐瞒与订立合同有关的重要事实或者提供虚假情况，造成对方损失的，应承担赔偿责任。但根据该规定，卖方告知义务的范围并不确定。仅依据"与订立合同有关的重要事实"这一概念，无法准确判断告知义务的边界。那么，在出售房屋时，出卖人的信息披露义务应包括哪些呢？

出卖人的主合同义务一般为按约定交付标的物、确保标的物质量、确保标的物权属无争议。因此，出卖人的披露义务也应与"交付标的物""确保标的物质量""确保标的物权属无争议"紧密关联。在房屋买卖合同纠纷中，就信息披露问题争议较多的是标的物质量问题。一般而言，应当披露的房屋质量信息包括：房屋的内部瑕疵（如漏水、地基不稳、白蚁侵蚀等）和房屋的外部瑕疵（如房屋周边存在高压变电站、有毒废物倾倒填埋处、"凶宅"等）。

至于判断某一个别信息是否属于卖方披露义务，应根据公平原则和诚实信用原则，予以综合衡量。

首先，应遵循公平原则。当事人没有义务揭示可能影响自己谈判地位的事实，探究缔结合同的利弊，是当事人各自的事情。赋予一方主体某项义务，必然会形成一方主体的权利。在法律没有明确规定且当事人没有约定时，应遵守公平原则确定各方的义务，充分考虑合同主体各方利益的平衡。尤其是在合同主体交涉能力、谈判能力平等时，额外赋予一方法定、约定之外的义务，务必谨慎。

其次，应适用诚实信用原则。《民法典》第五百零九条第二款规定，当事人应当遵循诚实信用原则，根据合同的性质、目的和交易习惯履行通知、协助、保密等义务。上述义务的负担为权利人履行合同提供了便利，但对义务人并非明显不利，该情形与告知于己不利事实有明显区别。对比上述规定，要求当事人负有将于己不利重要事实告知对方的义务，应慎重把握，基于诚实信用原则亦不可超越常规理解确定告知义务范围，应从合同的性质、目的和交易习惯上对与订立合同有关的重要事实予以具体判断。

普法提示

（一）买方：防患未然，该出手时就出手

二手房买卖在生活中比比皆是，但流程较为复杂。从看房、磋商、缔约、网签、付款、交房到过户，每一步都应慎重，特别是在签署大量法律文件过程中，更应小心谨慎。那么对买方而言，应该怎样规避购得"凶宅"的风险呢？

首先，缔约前多方调查，防患未然。在本案中，我们不难发现，如果王女士能够通过委托多方中介、详细询问卖方售房原因等途径，在缔约之前即发现实情，则可以防患未然，避免卷入纠纷之中。

其次，将顾忌写入合同，打牢维权基础。二手房买卖过程中，如果对类似"凶宅"等房屋瑕疵存在特别顾忌，则应在充分询问卖方的同时，将特殊情形明确写入房屋买卖合同中，以防"口说无凭"，也为后续维权提供坚实的合同依据。

最后，该出手时就出手，及时拿起法律武器捍卫自身权利。如前所述，撤销权存在除斥期间。对买方而言，一旦发现所购房屋系"凶宅"，则应及时拿起法律武器寻求公力救济，避免因撤销权罹于除斥期间而受到不必要的损失。

（二）卖方：诚实信用，以免竹篮打水一场空

诚信原则作为合同法中的"帝王规则"，理应被所有合同主体所遵守。对于出售房屋这一重大财产的卖方而言就更应如此。由于长期持有不动产，相比买方而言，卖方更容易也更有动力知晓房屋的各项隐蔽瑕疵。尽管不应苛求卖方将于己不利事实向买方全盘托出，但基于诚信原则，卖方有必要将与订立合同相关的重要事实向买方披露。否则，卖方将有可能竹篮打水，反而遭受不必要的损失。本案中，老杜与王女士之间的房屋买卖合同之所以被生效判决撤销，理由就在于老杜作为卖方在缔约过程中对王女士进行了欺诈。最终老杜不仅未售出房屋，反而向王女士赔偿了5万余元的经济损失，可谓一场空。

常言道，己所不欲勿施于人。房屋买卖中，作为卖方，不妨将自己置于买方的位置，以常情、常理审视所欲出售的房屋，向买方如实披露房屋基本情况，在双方共识的基础上，签订合同，实现双赢的目的。

案例四 | **卖旧买新**
——房屋连环买卖中的风险防范

宋佳[1]

案情回顾

（一）通过卖旧买新方式进行的房屋置换容易引发争议

随着人民生活水平的不断提高，通过卖出旧房、买进"新房"（此处的新房也可能是二手房，只是相对于买受人来讲可以算是新房）的方式进行房屋置换，进而改善居住条件的人越来越多。因为这种以卖旧买新方式进行的房屋置换往往涉及两个以上的房屋买卖合同，被人们通俗地称为连环买卖。在连环买卖中，往往一份买卖合同的履行出现问题，就会导致其他买卖合同产生连锁反应，所以说房屋连环买卖容易引发争议。那其中的风险应该如何防范呢？本文通过案例来进行一下梳理和讲解。

本案例的主人公刘小龙和张小君是一对年轻的夫妻，随着收入的提高，他们开始觉得自己居住的小鸟家园的房屋面积小，位置又偏，动了想换一套面积大一点、位置好一点房屋的念头。通过联系中介多次看房选房，他们最终看中了夏大山名下的白领公馆的一套房屋，但是他们自己手上并没有那么多现金，想凑够买房的钱，只能把自己名下的房屋卖出去，再用卖房换来的钱去付买新房的钱。于是，他们就把自己小鸟家园的房屋挂到了中介那里，通过中介最终选定把房屋卖给崔小明。

刘小龙、张小君在2017年9月3日和崔小明签了一份《北京市存量房屋买卖合同》，约定小鸟家园的这套房屋成交总价是373万元，崔小明当天

---

[1] 北京市第二中级人民法院民事审判第一庭法官助理。

支付 2 万元的定金，并分四次全款支付剩余的 371 万元购房款，双方最晚要在 90 日内办理完过户手续，如果因为崔小明的原因导致刘小龙、张小君在 120 日内都完成不了房屋过户，那么刘小龙、张小君有权以书面的方式单方解除合同。也就是说只要刘小龙、张小君将解除合同的书面通知送达崔小明，合同就解除了，而且崔小明要按成交总价也就是 373 万元的 20% 向刘小龙、张小君夫妻承担违约责任。

双方签订了《北京市存量房屋买卖合同》还不放心，又在当天和中介共同签订一份三方的《补充协议》，约定：三方不存在也不认可口头约定或承诺，一切约定承诺都以书面为准，要在 2018 年 2 月 4 日之前完成房屋过户手续；房款支付要依照以下约定：1. 签订合同当时支付定金 2 万元；2. 网签后 2 日内，支付首付款 127 万元；3. 在崔小明自己的小小家园的房屋出售之后，再支付房款 72 万元（请注意，崔小明也是要卖了小小家园的房屋，才来买刘小龙、张小君小鸟家园的房屋）；4. 网签后 2 日内，支付剩余房款 167 万元；5. 物业交割完毕后 2 个工作日内，支付剩余房款 5 万元；房款交付方式是资金存管。另外，因为小鸟家园的房屋有抵押，刘小龙、张小君自己没有钱解除抵押，所以要用崔小明支付的一部分购房款解押，这样的话崔小明就必须在把小小家园的房屋卖出后 30 日内与刘小龙、张小君一起去银行还款 72 万元。

签完《北京市存量房屋买卖合同》和《补充协议》后，刘小龙、张小君心里算是踏实了，总算有钱购买心仪的那套夏大山的白领公馆的房屋了。于是，他们又在一个月后的 2017 年 10 月 3 日和夏大山签订了白领公馆房屋的《北京市存量房屋买卖合同》，约定全款购买房屋，房款来源就是崔小明支付的房款。

如果小鸟家园的房屋买卖合同能够顺利履行，崔小明就可以早早入住小鸟家园，刘小龙、张小君也可以置换到白领公馆。可惜事实往往不遂人愿，崔小明付了 2 万元定金后，就再也没有支付过房款，原因是崔小明名下小小家园的房屋没有卖出去。崔小明还特意在 2017 年 11 月 30 日给刘小龙、张小君发了一份《解约声明》，表示自己积极配合把小小家园的房屋卖出去，但多次降价就是没人买，而且他和爱人都退休了，爱人还身患重病，自己实在买不起小鸟家园的房屋，有缘无分，所以想解除这份小鸟家园的房屋买卖合同，并且愿意把当初支付的 2 万元定金作为补偿，不再要求刘小龙、张小君返还。

刘小龙、张小君收到《解约声明》后，心想这下坏了，小鸟家园的房屋买卖合同要是履行不了，就没有钱向夏大山支付白领公馆房屋的钱，最主要的是不卖房就没有购房资格，说不定还得向夏大山支付违约金。两人赶紧咨询律师，并在律师的建议下于 2017 年 12 月 27 日向崔小明发送了《律师函》，告知崔小明合同不能随意解除，如果崔小明执意要单方解除合同，就要承担法律责任，所以双方现在必须协商继续履行合同或解除合同的具体事宜。2017 年 12 月 29 日，刘小龙、张小君和崔小明进行了协商，崔小明一不同意继续履行合同，二也不愿意再支付违约金，双方不欢而散。

这下刘小龙、张小君着急了，不想因此导致向夏大龙支付违约金，两人急中生智，决定通过两个办法来化解矛盾。虽然房屋卖不出就不能腾出购房资格，但张小君的母亲段玲玲有购房资格可以借用。至于购房款的问题，就通过民间借贷来解决，虽然利息高是高了点，但总比支付违约金要强。这个解决办法也得到了夏大山的认可，夏大山还和他们签订了《补充协议》。于是，刘小龙、张小君于 2018 年 1 月 3 日找到了卢二鹏，从卢二鹏手里借了 200 万元，约定借款期限一年，利息为年利率 24%。

刘小龙、张小君购买白领公馆房子的问题虽然暂时得到了解决，但自己总是有损失的，不光找别人借了款，自己如果重新再卖这套小鸟家园的房子，只能卖到 350 万元左右了，于是他们一气之下将崔小明起诉到了法院，并提出了如下诉讼请求：1. 解除刘小龙、张小君与崔小明签订的小鸟家园的《北京市存量房屋买卖合同》及《补充协议》；2. 崔小明支付违约金 72.6 万元（已抵扣定金 2 万元）；3. 诉讼费由崔小明负担。

（二）法院审理结果

一审法院经审理认为，刘小龙、张小君与崔小明签订的《北京市存量房屋买卖合同》及《补充协议》是双方当事人真实意思表示，内容不违反法律、行政法规强制性规定，属于有效合同，双方当事人都应按合同约定全面履行各自义务。但是，崔小明支付了2万元定金后，发函明确表示不再履行合同义务，而且陈述《补充协议》约定"崔小明的小小家园的房屋出售后30日内和刘小龙、张小君共同到银行代刘小龙、张小君提前还款72万元"，现小小家园的房屋尚未出售，所以崔小明不构成违约。法院认为，合同具有相对性，且合同具有履行期限，崔小明因没有售出小小家园的房屋获得购房款致使刘小龙、张小君在合同签订之日起120日内未能完成房屋过户手续并获得购房款，崔小明的上述行为构成违约，刘小龙、张小君有权解除合同，所以刘小龙、张小君要求解除《北京市存量房屋买卖合同》及《补充协议》的诉讼请求是有法律依据的，应该支持。合同解除后，崔小明应当按照合同约定承担相应违约责任。但是违约金作为我国合同法中的一种民事责任形式，以赔偿守约方的损失为主要功能，当约定的违约金过分高于造成的损失时，当事人可请求法院予以减少。对于损失，刘小龙、张小君提交了证据证明存在48万元的借款利息损失。但是刘小龙、张小君签订的白领公馆的购房合同日期比本案小鸟家园的合同要晚一个月，刘小龙、张小君也没有证据证明白领公馆的购房合同中的全部购房款都来自于本案的出卖款，所以刘小龙、张小君应当自行承担一部分连环买卖存在的风险。崔小明认为违约金过高要求法院予以减少，法院结合刘小龙、张小君的实际损失、双方合同履行情况、当事人的过错程度以及预期利益等综合因素，将违约金调整为24万元。超出部分，不予支持。刘小龙、张小君收取的2万元定金抵扣违约金，不再返还，崔小明还需向刘小龙、张小君支付违约金22万元。

据此，一审法院作出以下判决：1.解除刘小龙、张小君与崔小明于2017年9月3日签订的小鸟家园的《北京市存量房屋买卖合同》；2.解除刘小龙、张小君与崔小明签订的《补充协议》；3.崔小明于判决生效之日起7日内向刘小龙、张小君支付违约金22万元；4.驳回刘小龙、张小君的其他诉讼请求。

法院宣判后，崔小明不服判决提起上诉，主张双方签订的《补充协议》明确约定的房款交付时间、还贷解押、网签等均以崔小明出售自己的房屋作为先决条件，故小鸟家园的房屋买卖合同属于附生效条件或具有先决履行条件的合同，因崔小明的房屋未能出售，故小鸟家园房屋买卖合同的生效条件或者先决条件没有成就，刘小龙、张小君要求违约金没有事实和法律依据。

二审法院经审理判决驳回上诉，维持原判。

法理分析

（一）合同相对性原则

《合同法》第八条第一款（现已失效，相关规定见《民法典》第四百六十五条第二款）规定，依法成立的合同，对当事人具有法律约束力。合同的相对性原则，是指合同的效力限于缔约当事人之间，对合同外的第三人不发生效力。那么，合同就是一方当事人对另一方当事人提出为某种行为或者不为某种行为的请求。合同的相对性主要体现为：（1）主体的相对性，是指合同关系只能发生在特定的主体之间，只有合同一方当事人能够向另一方当事人基于合同提出请求或提起诉讼。（2）内容的相对性，是指除法律、合同另有规定以外，只有合同当事人才能享有某个合同所规定的权利，并承担该合同规定的义务，除合同当事人以外的任何第三人不能主张合同上的权利。在双务合同中，合同内容的相对性还表现在一方的权利就是另一方的义务，而因为另一方承担义务才使一方享有权利，权利义务是相互对应的。由于合同内容及于当事人，因此权利人的权利须依赖于义务人履行义务的行为才能实现。（3）责任的相对性，是指违约责任只能在特定的当事人之间即合同关系的当事人之间发生，合同关系以外的人不负违约责任，合同当事人也不对其承担违约责任。

（二）"连环买卖"法律关系的认定

依据合同相对性原则，合同中约定的权利、义务、责任均应由合同当事人享有或者承担。依据《合同法》第一百二十一条（现已失效，相关规定见《民法典》第五百九十三条）规定，当事人一方因第三人的原因造成违约的，应当向对方承担违约责任。由此，连环买卖涉及的两个或两个以上交易，各交易之间的当事人虽有关联性，但分属于不同的合同，基于合同相对性，每一单房屋买卖所涉及的房屋买卖合同法律关系是彼此独立的，各合同间的履行或解除，并无必然的关联性，均应在各自合同框架内解决，不应将前一合同结果作为后一合同不承担违约责任的理由。除非缔约各方有其他约定，则从其约定。

（三）解除权的享有

根据前文分析，因为合同具有相对性，其他合同履行纠纷不能成为本合同履行障碍的抗辩，各方应按照合同约定的权利义务进行履行。在合同的履行过程中，当事人协商一致，可以解除合同，这就是合同的约定解除。但是，大多数情况下，几方当事人各执己见，针锋相对，往往会不欢而散。就像本案中，刘小龙、张小君和崔小明进行了协商，但无法达成一致。但是如果一方执意解除合同，什么情况下其能享有解除权并发出解约通知呢？依据《合同法》第九十三条第二款（现已失效，相关规定见《民法典》第五百六十二条第二款）规定，当事人可以约定一方解除合同的条件。解除合同的条件成就时，解除权人可以解除合同。这是约定解除的成就。实践中这种情形并不多，存在比较广泛的是法定解除权成就的情形。《合同法》第九十四条（现已失效，相关规定见《民法典》第五百六十三条第一款）规定："有下列情形之一的，当事人可以解除合同：（一）因不可抗力致使不能实现合同目的；（二）在履行期限届满之前，当事人一方明确表示或者以自己的行为表明不履行主要债务；（三）当事人一方迟延履行主要债务，经催告后在合理期限内仍未履行；（四）当事人一方迟延履行债务或者有其他违约行为致使不能实现合同目的；（五）法律规定的其他情形。"本案中，崔小明在合同签订后，发出《解约声明》，明确表示无力购买诉争房屋，且在未得到肯定答复的情况下，未继续履行合同，该种情形符合依据《合同法》第九十四条第二项（现已失效，相关规定见《民法典》第五百六十三条第一款第二项）规定的情形，由于崔小明未履行合同，致使诉争房屋未能按照约定完成过户手续，合同履行出现障碍,其行为构成根本违约。因此,刘小龙、张小君享有法定解除权。

(四)违约金的承担

一方构成违约,应当承担继续履行、采取补救措施或者赔偿损失等违约责任。本案中,刘小龙、张小君主张的是赔偿损害的违约责任,起诉主张崔小明支付违约金72.6万元,一审判决崔小明支付22万元,那么,违约金该如何认定呢?《合同法》第一百一十四条(现已失效,相关规定见《民法典》第五百八十五条)、《最高人民法院关于适用〈中华人民共和国合同法〉若干问题的解释(二)》第二十七条、第二十八条规定了当事人约定违约金的方式及约定的违约金与实际损失间的权衡;第二十九条规定:"当事人主张约定的违约金过高请求予以适当减少的,人民法院应当以实际损失为基础,兼顾合同的履行情况、当事人的过错程度以及预期利益等综合因素,根据公平原则和诚实信用原则予以衡量,并作出裁决。当事人约定的违约金超过造成损失的百分之三十的,一般可以认定为合同法第一百一十四条第二款规定的'过分高于造成的损失'。"本案一审根据合同履行情况、各方当事人的过错程度,考虑房屋市场行情、预期利益、损失情况等综合因素酌定的违约金数额为22万元。

知识拓展

本案涉及的房屋买卖情形属于卖旧买新,以出售房屋获得的购房款来购买其他的房屋。实践中,还有一种连环买卖的形式是房屋经过多次转手买卖的情形。比如,甲将房屋卖给乙,乙又将该房屋卖给丙,丙可能卖给丁。在这种连环买卖情形中,有几个问题需要特别注意:

(一)前一手房屋买卖合同被认定为无效怎么办?

房屋连环买卖中,前一手房屋买卖合同被认定为无效必然会导致后一手买卖合同失效吗?答案是否定的。前一手房屋买卖合同被确认无效并不必然影响后一手房屋买卖合同的效力。后一手买卖合同是否无效取决于自身是否存在《民法典》规定的民事法律行为或者合同无效的情形。

（二）前一手买卖合同被认定为无效，后一手买受人权利如何保障？

前文谈到后一手买卖合同的效力不受前一手合同的影响，但是，如果前一手房屋买卖合同被认定为无效，后一手的出卖人即为无权处分，那么后一手买受人的权利怎么保障呢？需要注意的是，买受人能否取得房屋权利，应当依据《民法典》第三百一十一条关于善意取得的规定进行处理。其中，《民法典》第三百一十一条第一款规定在适用上应作如下理解：（1）房屋善意取得中"善意"的判断标准为：买受人信赖房屋登记簿中关于物权登记的记载，不知道出卖人无处分权即推定买受人为善意，但确有证据证明买受人明知或因重大过失不知房屋登记簿中物权登记错误或者登记簿中存在异议登记的除外。房屋原权利人对于买受人为恶意负有举证责任。（2）"以合理的价格转让"是指买卖双方之间存在以合理价格转让房屋的交易行为，且买受人已实际全部或部分支付了房屋价款。（3）房屋所有权已经转移登记到买受人名下。房屋已经办理转移登记但尚未交付的不影响善意取得的构成，但该事实可以作为判断买受人是否构成善意的因素之一。

（三）房屋连环买卖，均未办理产权登记怎么办？

房屋经多次转手买卖，终局买受人是否有权直接要求第一手出卖人将房屋过户至其名下呢？答案是否定的。依据合同相对性原则，终局买受人无权主张第一手出卖人办理转移登记手续，其只能向前手出卖人主张。如若终局买受人以前手出卖人为被告提起诉讼，要求办理房屋所有权转移登记，终局买受人可以申请追加第一手出卖人作为第三人参加诉讼，当然法院也可根据案件具体情况追加其为第三人参加诉讼。法院可以判决当事人依次办理房屋所有权转移登记，但当事人另有约定的除外。

普法提示

连环买卖作为常见的房屋置换方式的一种，对于老百姓逐渐改善居住条件来说必不可少，但由于房屋连环买卖容易引发这样或那样的纠纷，因此大家在进行房屋连环买卖的时候一定要小心谨慎，在以下几个方面更要格外注意：

（一）要高度重视房屋买卖合同的内容

现实生活中，有的人在看房选房、讨价还价时非常挑剔，但往往在订立房屋买卖合同时却几乎不看或者随便看看合同的内容，大笔一挥就签上了自己的名字，这是非常不可取的。根据我国《民法典》的规定，依法成立的合同具有法律约束力，也是说法律赋予了合同对当事人的强制力，当事人应当按照合同约定全面履行自己的义务，不得擅自变更或解除合同，如果违反合同就要承担相应的违约责任。因此，大家在订立房屋买卖合同时一定要高度重视，反复研读以后再予以签署，有条件的还可以请律师等专业人士帮忙把关，以免埋下隐患。

（二）要确保房屋买卖合同尽可能包括协商一致的全部内容

在发生引发并诉诸法庭后，经常有当事人主张双方之间曾经有某种约定，但对方却予以否认，房屋买卖合同亦不能体现该当事人的主张，在这种情况下其主张往往得不到采信。例如张三主张双方口头约定自己获得一笔年终奖后向李四支付购房款，如果自己得不到年终奖就不能支付购房款，也无须承担违约责任，但如果这个条款未能写入房屋买卖合同或者补充协议中，李四又不认可的话，即便张三拿不到年终奖，也不能成为其不支付购房款及不承担违约责任的理由。

（三）要正确认识附条件的房屋买卖合同

所谓附条件的卖屋买卖合同是指当事人在房屋买卖合同中特别规定一定的条件，以条件是否成就来决定合同效力的发生或消灭。这里提及的条件必须是将来发生的、不确定的、由当事人约定而非法定的合同事实,且不得与合同相矛盾。举个例子,如果崔小明与赵小龙在小鸟家园的房屋买卖合同中明确约定:只有崔小明将小小家园的房屋成功出售,小鸟家园的房屋买卖合同才能生效,那么崔小明与赵小龙订立的小鸟家园的房屋买卖合同就是一个附条件的房屋买卖合同,这个条件就是崔小明将小小家园的房屋成功出售。这也提醒大家,如果双方确实达成了附条件的合意,一定要将该条件明确写入合同中。

案例五　**合同的无责解除**
——政府调控政策导致房屋买卖合同无法继续履行时如何处理？

高宝钟[①]

为有效规范房地产市场，国家有关部门和各地政府会通过出台调控政策如限购、限贷、限售等进行规制。很多时候，这些政策从发布到实施缓冲期很短，对于已经签约的房屋买卖双方来说，往往难以预料，进而对合同的继续履行产生巨大影响。每轮政策调控之后，法院受理的有关因受房产新政影响而产生的诉讼就会阶段性增加。买房卖房是每个老百姓日常生活中的大事，遇上政策调控怎么办，已经交了的钱能不能要回来，到底算谁违约？这是很多人关心的问题。下面通过一个案例来介绍这类纠纷的处理思路。

案情回顾

（一）买方因新政导致首付款增加150万元，无力支付，要求解除合同并退款

2017年3月9日，李东东（出卖人）与张北北（买受人）签订《北京市存量房屋买卖合同》，约定出卖人所售房屋为北京市蓝天小区2号楼888室，建筑面积共60平方米，房屋成交价为500万元；买受人在签订本合同的同时向出卖人支付定金10万元；买受人向银行拟贷款350万元，买受人因自身原因未获得银行或公积金管理中心批准的，双方同意按照"（1）买受人自行筹集剩余房价款，以现金形式支付给出卖人；（2）买受人继续申请其他银行贷款，至贷款批准"的方式处理；合同还约定了其他条款。

当日，李东东（甲方、出卖方）与张北北（乙方、买受方）及中介公司

---

① 北京市第二中级人民法院民事审判第一庭法官。

（丙方、居间方）签订《补充协议》，约定交易房屋价款为500万元；乙方于2017年3月9日向甲方支付定金10万元，该定金视为首付款的一部分；乙方同意首付款140万元于2017年3月30日前支付给甲方。乙方若出现下列情形之一的，构成根本违约，且甲方有权以书面通知的方式解除房屋买卖合同："（1）拒绝购买该房屋的；（2）逾期履行本补充协议第二条约定的义务超过15日的。"乙方出现上述根本违约情形之一的，应在违约行为发生之日起15日内，以相当于该房屋总价款的20%向甲方支付违约金；乙方向甲方支付的全部款项冲抵违约金，多退少补，丙方收取乙方的费用不予退还。

上述合同签订后，张北北按约向李东东支付定金10万元，并于2017年3月15日、16日共付给李东东首付款100万元。双方履行上述合同期间，2017年3月17日，北京市房地产新政出台（以下简称3.17新政）。张北北没有继续支付剩余款项。

3.17新政中与本案相关的主要内容为："居民家庭名下在本市已拥有1套住房，以及在本市无住房但有商业性住房贷款记录或公积金住房贷款记录的，购买普通自住房的首付款比例不低于60%，购买非普通自住房的首付款比例不低于80%。"

诉讼中，张北北称当时原计划卖掉自己原来的房屋以购买涉案房屋。新政后，卖房出了问题，买方付不了钱，自己也就无力向李东东支付多出来的150万元首付款。双方协商未果，因此，2017年5月20日，张北北诉至法院，要求解除双方之间的房屋买卖合同，李东东向自己退还已支付的110万元首付款。李东东不同意张北北的诉讼请求，并反诉请求解除双方之间的房屋买卖合同，由张北北承担根本违约的违约金100万元和房屋差价损失60万元。

（二）案件审理过程

张北北认为，政府出台的政策是双方在订立合同时无法预见的突发事件，因为3.17新政对于首付款比例的调整，自己需要多支付约150万元的首付款，而又无力支付这笔款项，但责任不在于自己，是由于政策导致，故双方可以无责解除合同。卖方李东东应该解除合同并且将自己已经支付的款项退还。

李东东认为，合同约定张北北应当在2017年3月30日之前支付首付款

140 万元，否则逾期 15 日以上构成根本违约，应当按照合同约定房屋价格的 20% 承担违约责任。张北北至今没有交齐首付款，应当承担 100 万元的违约金，并且因为其拖延付款，现在房价跌了 60 万元，房屋差价损失也应由张北北承担。

一审法院经审理认为，综合买受人的个人情况、首付款增加的比例，本案中买受人履约成本有较大程度的增加，对买受人的履约能力造成比较严重的影响，属于不可归责于双方当事人的原因造成的合同无法继续履行。因此判决解除李东东与张北北于 2017 年 3 月 9 日签订的《北京市存量房屋买卖合同》及李东东、张北北与中介公司签订的《补充协议》；自判决生效之日起 7 日内，李东东返还张北北购房款 110 万元；驳回李东东的反诉请求。

李东东不服上诉，二审维持一审判决。

本案的争议焦点是，张北北与李东东之间的房屋买卖合同是否可以无责解除。那么，在什么情况下受政府调控政策影响的房屋买卖合同可以无责解除？什么情况下不可以无责解除？两者之间判断的标准是什么？下文将对这些问题予以讨论。

法理分析

张北北与李东东签订的《北京市存量房屋买卖合同》及二人与中介公司签订的《补充协议》系各方当事人真实意思表示，且不违反法律、行政法规的强制性规定，属有效合同，对各方当事人具有法律约束力。

一般情况下，各方当事人应当严格按照合同约定的权利义务履行，本案中，张北北的合同义务即为按照合同约定的时间支付首付款并办理贷款。但政府调控政策属于公共政策，其颁布和实施并非合同双方当事人可以预料和控制的，这种情况下合同如何处理，可以从以下几个层面进行分析。

（一）政府房地产调控政策是否确实影响了涉案房屋买卖合同的履行？

本案中，张北北名下因曾买房有住房贷款记录。如果根据 3.17 新政之前的认定政策,只要张北北及时将其名下的自有房屋出售,其名下没有住房,那么购买涉案房屋就可以按照首套房进行贷款,即首付款最低为房屋总价款的30%。但根据3.17新政,因张北北名下有住房贷款记录,其购买涉案房屋属于购买二套房,首付款不低于60%,那么张北北能获得的银行批贷最多只能为房屋总价的40%,即约200万元,比之前合同约定的350万元贷款少了150万元,则张北北需要自行支付的首付款比合同签订之时约定的多出150万元。

除了本案这种贷款限额下降的情况,房地产调控政策对房屋买卖合同产生的影响还常有:对房屋购买资格限制条件更加严格,导致房屋买受人失去购房资格;对房屋出售年限做出限制,导致房产不满足出售条件;将原本不在限购范围内的房屋纳入限购政策范围,导致房屋买受人不再满足购买条件等。以上情形均会导致合同无法继续履行,因房屋核验和购房资格核验都是或有或无的结果,所以调控政策对合同履行的影响比本案更加容易判断。

(二)政府房地产调控政策对合同履行造成的障碍程度是否严重?

对于合同订立后由于3.17新政的实施致使合同无法继续履行的,属于因不可归责于双方当事人的原因导致合同目的无法实现。当事人要求解除合同的,除合同另有约定外,一般应予支持。确有证据证明因3.17新政导致购房出资的履约成本增加幅度较小,对当事人履约能力不构成严重影响的,合同应当继续履行,当事人一方以此要求解除合同的,不予支持。

合同能否继续履行的判断,法院应综合合同履行程度、成本增加比例、买受人资信情况等因素综合进行考量。本案中,法院判断的关键在于张北北购房增加的150万元首付款是否属于履行成本增加较大的情况。结合涉案房屋总价500万元,原定首付款150万元,现相当于将首付款增加了100%,增加的比例占到了房屋总价的30%,而买受人张北北仅为普通换房的购房人,综合认定增加的150万元首付款对张北北来说是购房成本较大程度的增加,对其继续履行合同造成较严重影响。综上所述,本案属于政府调整政策导致合同无法继续履行的情况,故法院判决双方之间的合同解除,互不负违约责任。如果因房产新政，导致张北北的履约成本增加较少，比如仅增加10万元的首付款，法院综合其购买能力和支付能力后认为不构成合同不能继续履行的情形的话，可能就会驳回其要求解除合同的诉讼请求。当然，对于增加多少成本算是程度较大，并没有一个统一的数字和比例，个案情况不同，法院要结合合同履行程度、成本增加比例、买受人资信情况等因素综合进行考量。

本案是房产新政导致合同无法继续履行的诸多情形中比较复杂的一种，如前文所述的购买人失去购房资格或房屋不满足出售条件等情况，在司法实践中更易判断，大多也是无责解除合同。例如下面这个例子：

买受人诉称，其在企业退休后方开始缴纳社保，不满足连续缴纳社保五年的条件，受新政影响购买商办类用房资格受限，现要求解除合同并退还定金。出卖人辩称，新政对退休人员无法连续缴纳社保的情况考虑不全面，买受人应与相关部门协商处理，合同不应解除。

法院经审理认为，新政出台有其强制性，限制了买受人购买商办类用房的资格，导致房屋买卖合同无法履行，双方的合同目的均已无法实现。合同解除系因不可归责于双方的事由，双方均不存在过错，故判决解除合同并返还定金。

（三）合同对于履行障碍是否有特殊约定？

对于受新政影响无法继续履行的合同，一般可按免责解除处理，但还应审查合同有无其他约定。

本案中，双方签订的合同虽然约定：张北北因自身原因未获得银行或公积金管理中心批准的，双方同意按照"（1）张北北自行筹集剩余房价款，以现金形式支付给出卖人；（2）张北北继续申请其他银行贷款，至贷款批准"的方式自行处理。但本案出现的不能达到合同约定贷款数额的情况并非张北北自身原因造成，而系限贷政策造成，故不适用该约定。而且本案中也没有直接约定无法贷款的数额就直接现金支付，而是给了两个选择，张北北有权选择继续申请银行贷款直至贷款批准，那么合同仍然处于无法足额贷款状态。

如合同中有"因故无法办理贷款时买受人自行筹集资金"或"因故无法办理贷款时应一次性付款"的约定时，合同对付款方式的事先约定应予尊重，买受人以新政为由要求解除合同的，不应支持。

（四）合同解除后的结果如何处理？

合同解除后，尚未履行的，终止履行；已经履行的，根据履行情况和合同性质，当事人可以要求恢复原状、采取其他补救措施，并有权要求赔偿损失。因3.17新政原因导致合同解除后，出卖人应当将收受的购房款或定金返还给买受人；当事人一方要求另一方承担违约责任或适用定金罚则的，不予支持。

本案中，双方系无责解除合同，所谓无责，即指双方互相不因合同的解除而负违约责任。李东东已经收取的购房款因合同终止履行而应当予以返还，且不适用定金罚则。李东东要求张北北承担违约金没有事实和法律依据，故未得到支持。

知识拓展

在受房地产调控政策影响的房屋买卖合同纠纷中，有一类纠纷复杂但又常见，那就是所谓的"连环单"。一般遇到这种情况的是改善型购房者，采用卖小换大、以远换近的方式订立两个房屋买卖合同，本来连环房屋买卖就环节众多、手续复杂，需要买卖双方乃至中介公司的通力配合才能顺利完成，如果在合同履行过程中遇到了政策调整，有可能对两个合同的履行都产生影响，可谓牵一发而动全身。

有这样一个案例：李某（出卖人）诉称，其是连环买卖，因张某（买受人）无力付款，导致其无法履行与案外人刘某的买卖合同，因此向刘某赔付违约金60万元，而该损失是张某造成的，应由张某赔偿其损失60万元。张某辩称，新政导致其付款能力受限，双方应无责解除合同，对刘某的赔偿应由李某自行承担。

法院经审理认为，依据合同相对性原则，连环买卖中两合同的履行或解除，并无必然的关联性，均应在各自合同框架内解决。除非当事人之间存在约定，否则对当事人在一合同中产生的损失，另一合同的相对方并无承担的义务。最终，法院判决解除合同、退还定金，驳回了出卖人李某要求买受人张某承担损失60万元的请求。

同样，买受人以出售己方名下房屋获得购房资金方式向卖房人购买房屋，因3.17新政原因导致其无法出售房屋获得资金，买受人以此为由请求不承担对卖房人的违约责任的，法院也不予支持。

合同法的重要原则之一就是合同相对性原则，即合同关系只约束订立合同的双方当事人，对于合同之外的当事人没有约束力。从上述案例来看，在判断是否无责解除房屋买卖合同时，法院严格遵守合同相对性原则，并不因连环买卖其中一个合同的责任判断结果影响另一个合同的责任判断，每个合同的处理都严格按照该合同约定进行判定。

普法提示

房地产领域政策调整频繁，且一般实施迅速，留给普通买卖双方的反应时间短，这就要求买卖双方在房子这件大事上提高风险防范意识，不打无准备之仗。

（一）准确解读相关政策

一是订立合同时要预判风险。各方对政策的出台要有合理的心理预期，一般来说，房地产市场变化较快，政策出台的即时性较强，尤其是价格发生大幅波动时，政策再次变化的可能性就会增加。双方在合同订立之初最好就约定明确，一旦遇到政策调整如何解决，这样日后发生问题，处理起来也有据可依。

二是政策出台后要及时、准确解读。履行或协商中的合同均可能会受到新政影响，一旦遇到新的房地产调控政策出台，双方需第一时间充分了解政策，与中介公司沟通，必要时可向相关部门咨询，结合自身情况预测政策会对自己的房屋买卖产生什么影响。了解政策要以政府部门的权威解读为准，不要听风就是雨，也不要慌乱，务必了解到准确的信息。

（二）完善合同审慎签约

一是审慎签订"连环单"。如前所述，此类合同环节多，受政策影响可能性大，应尽量避免。但囿于现实，很多时候换房者只能签订"连环单"，来最大限度缩短换房周期、降低换房成本，也实属无奈之举。那就需要精准确定好两份合同各自履行的时间节点，考虑好一旦任何一个步骤出现问题后如何解决。如确需签订，可增加第三方违约导致合同不能履行双方可免责解除的条款。

二是合同中明确约定各履约节点。在订立房屋买卖合同时，应明确约定网签、评估、面签、缴税、过户、交房等重要节点及违约责任，以预防政策的即时变化。一旦出现调控政策造成履行障碍的情况，明确的时间约定可以迅速确定责任，避免双方扯皮的情况发生。

（三）诚信履约及时止损

一是应树立稳定心态，坚守诚信原则。房价过快上涨、调控政策出台、房价随之发生变化，这一价格变化规律持续影响合同履行。买卖双方均应调整心态，秉持即使房价波动，合同亦应诚信遵守的理念。遇到政策变化，应先冷静，不要一味推卸责任，而是应以双方如何推进合同履行为根本目标，更不可借房地产政策变动之机违约，搭政策便车，否则有可能面临承担违约责任的风险。

二是应及时协商，避免合同履行长期停滞。双方出现争议后，应首先界定是否确受新政影响，防止借机搭新政便车，如暂不能确认，应与中介做好沟通，也可及时进行政策、法律咨询。对确因新政影响无法履行的，双方尽早尽快协商，协商不成应及时提起诉讼，避免损失扩大。

三是居间方应做好指导，发挥好作用。中介公司作为专业机构，应及时向房屋买卖双方严格、准确解读新政,尽到告知义务,切勿擅自承诺甚至协助双方做假手续规避政策。此外,应建立相应配套机制协助解决矛盾,可暂时搁置争议的,能继续履行的促进履行,不能履行的尽快另售、另购房屋。协商过程做好录音、微信、短信及书面证据的留存。确因新政导致解约的,也应在居间服务等费用上予以协调。要杜绝通过侥幸心理或"擦边球"的方式规避政策的行为。

图书在版编目（CIP）数据

房屋买卖纠纷典型案例解析/鲁桂华主编.—北京：中国法制出版社，2022.1
（法官说法丛书）
ISBN 978-7-5216-2411-3

Ⅰ.①房… Ⅱ.①鲁… Ⅲ.①房屋纠纷—审判—案例—分析—中国 Ⅳ.① D925.118.25

中国版本图书馆 CIP 数据核字（2022）第 003293 号

责任编辑：李宏伟 　　　　　　　　　　　　　　　封面设计：杨泽江

房屋买卖纠纷典型案例解析
FANGWU MAIMAI JIUFEN DIANXING ANLI JIEXI

主编/鲁桂华

经销/新华书店

印刷/三河市国英印务有限公司

开本/710 毫米 × 1000 毫米　16 开　　　　　印张/14　字数/209 千
版次/2022 年 1 月第 1 版　　　　　　　　　　2022 年 1 月第 1 次印刷

中国法制出版社出版
书号 ISBN 978-7-5216-2411-3　　　　　　　　　定价：48.00 元

北京市西城区西便门西里甲 16 号西便门办公区　邮政编码 100053　传真：010-63141600
网址：http://www.zgfzs.com　　　　　　　　　 编辑部电话：010-63141796
市场营销部电话：010-63141612　　　　　　　　印务部电话：010-63141606
（如有印装质量问题，请与本社印务部联系。）